基礎から学ぶ介護シリーズ
わかる 伝わる つながる
根拠のある
介護記録のつくり方

田形隆尚 著

中央法規

はじめに

　本書は、介護・福祉の応援サイト『けあサポ』の連載「暮らしの場における介護記録」（2008年6月～2009年5月）に加筆・修正を加えたものです。本企画の背景として、著者の前著『"ケアが変わる"介護記録の書き方』が介護記録の入門書的な位置づけで、どちらかといえば在宅サービスを意識した構成になっていたので、施設等入居系サービスに従事する方々の「入居系サービスに即したものを」という要望にお応えする意図がありました。

　一応、ご希望に沿うことができたと思いつつ、この3年間、現場の皆さまから意見を伺っていると、新たな「記録」に対する考え方、対応の仕方などさまざまな問題があることがわかりました。また、地域密着型サービスの展開や住宅型有料老人ホームの進展、サービス付き高齢者向け住宅の創設など、今までなかった新しい"事業形態"における「記録」について、その意義から再度問い直す時期がきているのではないかと思えることが多くなりました。

　制度が10年を超えると、利用者にも「サービス消費者」としての「権利意識」が芽生え始め、サービス提供者にも積極的な対応が求められるケースも多くなり、著者のところにも相談や問い合わせが少しずつ増えてきている現状もあります。そのような環境のなか、本書は誕生しました。ぜひ手にとっていただき、これからの記録を考える一助としてご活用いただければ、著者としてはこれ以上の喜びはありません。

　最後になりましたが、本書を世に出すにあたり、多大なご尽力をいただいた中央法規出版の平林敦史さんに、この場をお借りして感謝の意を表したいと思います。

2012年8月
著者

はじめに

I 記録の意義と目的 …………………………… 1

❶ 介護記録の目的 …………………………… 2
　（1）介護サービスの証 ……………………… 2
　（2）利用者へのサービス向上のために ……… 4

❷ これまでの介護記録の問題点と改善案 …… 6
　（1）日々の業務の証 ………………………… 6
　（2）第三者にも伝わる日々の証にするために … 8
　（3）介護サービスにおける記録の位置づけ … 10

❸ 利用者や家族からみた記録の意義 ………… 11
　（1）介護の相場 ……………………………… 11
　（2）ケアの内容のわかりにくさ …………… 16

❹ これから必要とされる記録の中身と伝え方 … 17
　（1）高まる権利意識 ………………………… 17
　（2）契約による個別支援のサービス提供 …… 18

II 記録に必要な物事のとらえ方 ……… 21

❶ 物事のとらえ方 …………………………… 22
　（1）身体状況のとらえ方 …………………… 22
　（2）利用者の言動のとらえ方 ……………… 24
　（3）暮らしの過ごし方のとらえ方 ………… 27
　（4）生活行為のとらえ方 …………………… 29
　（5）ヒヤリハット・事故のとらえ方 ……… 31
　（6）苦情・要望のとらえ方 ………………… 34
　（7）情報のとらえ方 ………………………… 38

目次

　　　（8）BPSDのとらえ方 …………………………………………… 40
　　　（9）見守りのとらえ方 …………………………………………… 42
　　　（10）共有のとらえ方 …………………………………………… 44

　❷ 根拠のある記録を書くための注意点 …………………46
　　　（1）法令遵守（コンプライアンス）──介護保険が求める視点 … 46
　　　（2）説明責任（アカウンタビリティ）と記載時のモラル …… 50
　　　（3）日々の業務記録を見直す──利用者と家族が望むサー
　　　　　 ビスに結びついているか ……………………………………… 52
　　　（4）均質的サービスの実現──チームケアに記録は活かされ
　　　　　 ているか ………………………………………………………… 55
　　　（5）個別契約に対応した書式 …………………………………… 57
　　　（6）専門用語の取り扱い ………………………………………… 61
　　　（7）ルールの明文化 ……………………………………………… 63
　　　（8）訴訟で問われた記録 ………………………………………… 65
　　　（9）資質向上の証──研修記録の考え方 ……………………… 69
　　　（10）ツールの活用 ……………………………………………… 71

Ⅲ 記録を通した事象の考え方 …………73

　❶ 根拠のない判断をもとに残された記録
　　　──BPSDが顕著な認知症の利用者 …………………74

　❷ 個別支援の観点が欠如した記録──原因不明の骨折 …80

　❸ 個人情報保護の誤解による不適切な記録──終末期の利用者 …86

　❹ 記録者が確認していない不明確な記録──転倒・骨折 …92

　❺ 不十分な内容でケアの必然性が疑われた記録──身体拘束 …98

　❻ 主観的に記載され、確証のない記録──入浴 …104

❼ケアの本質を無視した他者日記的な記録──食事 ⋯110

❽不誠実性が暴露された、弁解不可能な記録──排泄 ⋯116

❾目的や評価がみえない記録──レクリエーション ⋯122

❿実行に固執し、単にデータ化した記録──役割づくり ⋯128

記録の意義と目的

介護職にとって、記録とはどのような意義をもつのでしょうか。記録の意義を理解することで、その目的も明確になります。

1 介護記録の目的

（1）介護サービスの証

介護サービスは生活の面を担う

　介護サービスを提供する際に、なぜ「記録」の必要性が問われるのか、次の事例で考えてみましょう。

　例えば、皆さんが日頃愛用しているパソコンをプロの業者に修理を依頼したところ、故障した箇所は直っていましたが、請求代金は思ってもいないほど高額だったとします。業者に説明を求めると、「結果（修理）は出しているでしょう。仕事が終わったので、その値段です。結果を出しているので、明細等は作っていません」の一点張りだったらどうしますか。

　また、あなたは、ある会合に突然代理出席することになったとします。しかし、本来の担当者は、前回までの経過（情報）等を残していません。会合で代わりに発言を求められるかもしれない状況なのに、何もわかりません。

Ⅰ 記録の意義と目的

　どちらもキーワードは記録です。これらの現象は、介護サービスには当てはまらないことでしょうか。さらに介護職は、介護サービスを必要とする人々の生活の一場面、もしくは一瞬に向き合ってさえいれば、それで十分なのでしょうか。

　答えはノーです。なぜならば、介護サービスが担うのは生活の一瞬（点）ではなく、その連続性（線もしくは面）ということができるからです。

　特に、介護サービスの受け手となる高齢者や障害者は様子が刻々と変化し、状態の前後がどのような関連性をもっているのかを明確に把握していないと、本当にその人の望む生活やニーズを叶えることができません。

記録を残すことの目的

　それでは、利用者の望む生活を実現するため、サービスの担い手としての責務を果たすには、どうしたらよいのでしょうか。答えは１つです。利用者の生活を、担い手として、形に残すことしかありません。これが記録です。記録が完璧にできてこそ、適切な介護サービスの第一歩が行われていると胸を張ることができます。

　高齢者に対する介護サービスでは、利用者に金銭的な負担を求めています。それゆえに、プロの介護職として、利用者の生活の担い手として行ったこと（サービス）を形に残すことが記録であり、利用者の生活の連続性を担う第一歩となるのです。

　さらに、記録を残す行為には２つの目的があることを理解しましょう。１つは利用者の生活の証を記すという目的、もう１つは提供者の支援の証を残すという目的です。記録を残すことは、利用者のためでもあり、介護職自らのためでもあります。

（2）利用者へのサービス向上のために

チームケアの必要性

　介護サービスが支えているのは1人の人間の生きる営みです。介護職は、その営みに休みなくかかわり続けなければなりません。人の営みは大変デリケートで、プライベートな部分も多いので、かかわる者は限られた範囲であることが望ましいのかもしれません。しかし現実には不可能です。仮に可能だとしても、いずれ重大なひずみが生じることは容易に予測することができます。

　例えば、介護職自身が過重な労働を強いられることで疲労を蓄積させ、事故を誘発したり、介護職の偏った価値判断に基づいて一方的なサービスを押しつけて、利用者の生活の質そのものを落とす結果を招いてしまうことが考えられます。

　そうならないためにも、介護職は個人としてではなく、プロの集団として適切なサービスの提供に努めることになります。それが「チームケア」と呼ばれるものです。チームで対応することで、さまざまな経験や考え方をもった人が、さまざまな場面において利用者とかかわり、サービスを提供することになります。

個人の知を組織の知へ

　これらのことを念頭において、利用者の生活の証を記すとは、一体どういうことでしょうか。

　例えば、「食事を残す」という日常的な行為も、生活を支援する介護サービスでは重要な意味を含んでいることが多いものです。それを事実のみ記録しても、利用者の本当の生活は把握できず、情報発信者以外の人間には伝わらないと考えられます。

　つまり、利用者の生活の証を記すとは、なぜ食事を残したのかという「なぜ」を確認できるようにすることです。利用者の生活の証を日々意識して記していれば、健康状態や心理状態がみえてきます。

　しかし、仮にその日の記録が単なる事実の記載だけで終わって

Ⅰ 記録の意義と目的

いたとしても、介護職が記録の重要性や必要性を認識し、前後の記録と照らし合わせれば、何が問題なのか、利用者に何が起こっているのかをとらえることが可能になります。それができれば、次に何をすべきかが明確になるはずです。

さらに、チームケアを行う際、かかわる専門職が個人の判断や考えだけに基づいてサービスを提供したらどうなるでしょうか。また、提供者によってサービスの手順が異なっていたり、技量に明らかな差があったらどうでしょう。さらに、利用者から貴重な情報の提供があったのに、ある専門職がその情報を抱え込んでほかの専門職と共有しなければどうなるでしょうか。

これらのいずれかが発生しても、介護サービスは停滞します。放置すれば、利用者とのトラブルや重篤(じゅうとく)な事故につながりかねません。そうならないためにも重要なのが、適切な記録を残してほかの専門職と共有することです。

つまり、記録を適切に作成することにより、一個人の知識や技量、アイデア、経験、感覚等をほかの専門職につなぎ、さまざまな情報をチーム間の周知の事実として共有することができるのです。

そうすることでチーム全体のスキルを高め、サービスの質の均一化(均質化)を図ることができます。個人の知を組織の知へ──これが、記録の目的である「提供者の支援の証」を残すことになります。

2 これまでの介護記録の問題点と改善案

（1）日々の業務の証

読み手を意識した記録を

　前節で、適切な記録を残し、ほかの専門職と共有することが記録の目的と書きました。これは介護サービス全般に共通していえることですが、特に施設において共有が大切であることは、皆さんも日常の業務を通じて感じていることでしょう。

　施設では24時間365日ケアが継続していくため、記録という行為が継続的になされてこそ、日々の業務の証になるといえます。

　しかし、この他者との共有（それも継続的に）が厄介な存在です。自分ではうまく伝えたつもりなのに伝わらなかったり、逆に他人からの情報をゆがめて受け止めるなど、トラブルに発展することも見受けられます。

　お互いに幼い頃から日常生活のなかで用いている日本語を媒体としているのに、なぜこのような困難さが生じるのでしょうか。それは主に、書き手（情報発信者）が読み手（情報受信者）のことを意識せずに記録を残しているためだと思われます。

介護日記≠記録

　このように表現すると、「私は常に『伝えること』を意識して残している」という人がいるかもしれません。そう思われたあなたが残した記録は、介護日記になっていませんか。それも、利用者の日常の出来事を他人であるあなたが残したという、奇妙なノンフィクションが作成されていませんか。ノンフィクションならまだよいのですが、介護者が勝手に作ったフィクションが記録として残されていることもあるのです。

　基本的に日記とは、他者の目に触れることを想定せずに残され

るものです。しかし介護サービスに必要な記録は、常に他者の目に触れることを意識して残していかなければなりません。この点が日記と記録の違いです。

　他者には、未来の自分も含まれます。つまり、いかなるときでも記録を確認することによって、自分が行ったサービスを正確かつ詳細に説明できなければなりません。最近ではこの他者に「第三者」が含まれてきているということが、監査や評価から鑑みても確かといえます。

　他者の目を意識して記録を残すためには、多少のルール（原則）やテクニック（技術）が必要で、介護サービスに従事する者にはその習得が求められます。

（2）第三者にも伝わる日々の証にするために

主語の明確化

　記録と日記には、他者の目を意識するかどうかの違いがあることを説明しました。これは、目にみえる形としては、動作主体の表現に表れます。つまり、主語を明確に書き表すかどうかです。

　日記の動作主体（主語）は、基本的に書き手（情報発信者）である自分であることが多く、また、読み手（情報受信者）も自分であるのが一般的です。ですから、動作主体である主語を明確に表現しなくても、情報を伝えるのに支障はありません。

　しかし日記と異なり、記録は動作主体（主語）が書き手（情報発信者）ではなく、読み手（情報受信者）は第三者であることが想定されています。すなわち記録では、書き手と読み手が共通認識をもたない未知のものを、情報としてやりとりする可能性が高いといえます。この状態では、共有という目的に対して高いリスクが介在するおそれがあるため、書き手は動作主体（主語）を明確に表現しなければなりません。

　例えば、ある利用者の記録に関して、「**病院受診を勧めるも、（受診を）拒否している**」と残してあれば、確実な共有が可能かどうかということです。この記載だけではなく、前後の記載と読み比べれば、動作主体が明確になるのかもしれません。しかしこれでは、常に確実な共有は望めず、場合によっては誤解が生じ、トラブルが発生するおそれもあります。

　この情報を確実なものにするには、誰が受診を勧めていて、誰が拒否しているのかを明確にする必要があります。そうしなければ、受診を勧めているのが施設（介護職）なのか主治医等の医療関係者なのかが明確でありません。また、拒否しているのは利用者本人かもしれませんが、家族ということも考えられます。

　このように、動作主体が明確でないと、読み手はその記録から自分のすべきことが判断できず、サービスの停滞を招いたり、情報発信者が求めたサービスと異なるサービスを実施し、重大なミ

スにつながる可能性があります。

動作主体を意識する

　加えて介護現場では、中途半端な記載もよくみられます。例えば、**「家族から外泊許可を求める連絡があった」**といった記述がこれに相当します。

　この場合、家族とは一体誰なのでしょうか。日頃その利用者のことに関しては配偶者と連絡をとり合っているとしても、外泊許可をその配偶者が求めてきたとは限りません。別居している子どもが許可を求めてくることも考えられます。記録を記載した人には周知の事実であっても、他者にとっては未知の情報であることがあります。

　このギャップを解消するためにも、情報発信者は、記録を残す際には動作主体を意識して明確に表現することが必要です。これは、動作主体（Who（誰））以外の5W1H「When（いつ）、Where（どこ）、What（何）、Why（なぜ）、How（どのようにして）」についても同様です。

（3）介護サービスにおける記録の位置づけ

　人員の余裕がない介護現場では、直接的なケア行為に追われ、記録は時間外かつ厄介な作業になりがちです。

　しかし、介護保険のサービスは、契約による金銭の対価として成立しています。この場合のサービスとは、入浴や排泄の介助を行うことだけではなく、その根拠や内容を正確かつ確実に残すことまでを指しています。

　つまり記録とは、介護サービスを実践する一連の流れの終着点ということです。そうすれば「時間がないから」と記録を残さないのは、サービスを行っていないといっても過言ではありません。

　現状では、利用者と施設が対等な立場で契約を締結し、サービスが提供されています。その現実を鑑みると、ひと昔前の「対集団」的な記録では成り立ちません。個別支援を実現するためには、新たな記録の体系が求められています。

I 記録の意義と目的

3 利用者や家族からみた記録の意義

（1）介護の相場

選択の4原則

　記録は介護職の支援の証、つまりケア（サービス）を行った証といえます。利用者や家族の立場からみれば、提供された仕事の証明、すなわち支払った利用料の対価の明細です。

　そう考えると、現在の介護サービスのなかで記録は重要な意味をもつといえます。利用者や家族にとっても、介護職がケアの証を残さないと、安心してサービスの提供を受けることができません。その理由は、介護サービスにも契約による選択が導入されたからです。言い換えれば、利用者が自分の意思で、必要なサービスを自己負担で求めるようになったということです。

　しかしながら、サービスを自分の意思で選択することは、私たちの日常生活において、特別なことではありません。常日頃意識せず、何気なく行っている行為の1つです。なぜ、皆さんが何気なく行っている行為が、介護サービスにおいて特別視され、困難視されてきたのでしょうか。それは、介護サービスが金銭の対価としてのサービスとして存在するために、利用者に必要といわれる原則（条件）が確立しにくかったことに要因があります。

　現在この状況に大きな変化はありませんが、記録が関係することにより、変化が生まれます。この変化とは何でしょうか。選択に必要な4つの原則（①情報、②価格、③付加価値、④試用（お試し））を検証して確認しましょう。

①情報

　物（サービス）を選択する際、私たちはその物（サービス）に関する何らかの情報をもっているのが一般的です。しかもその情

報は、日々の暮らしで自然と入手することができ、特別な努力を必要としません。

　これは何も、日用品や愛用品に限りません。例えば車です。私たちは頻繁に車を選択・購入することはないと思いますが、それでも、エコカー減税やハイブリッドカーのことは周知の事実だと思います。つまり、選択という行為を必要とするかしないかに関係なく、情報は入手できる環境にあるといえます。

　それでは、介護サービスについてはどうでしょう。サービスを必要とする高齢者等が、日々の暮らしのなかで自然にその情報を得ることは可能でしょうか。テレビでコマーシャルが流れているわけでもなく、朝刊に絶えずチラシが入っているわけでもありません。情報が必要な人ほど入手が困難な状況です。

　さらに介護サービスの情報は、ほかの物（サービス）の情報とは異なり、仮に選択をしないで日常生活が送れるのであれば、誰もが「そうしたい」と願うのが当たり前で、あえて入手しようとは考えないものです。

　この状況で選択を促すには無理があります。そのために介護サービス情報の公表制度が導入されていますが、選択における情報の要件が確立しているとはいまだ断言できない状況です。

②価格

　選択に際して十分な情報がない、もしくは選別するには不足している場合、何が選択の誘因として機能するのでしょうか。

　その際に機能するのが価格です。情報が変わらないということは、品質も格差がないと思ってしまいます。そうであれば、安価な物（サービス）が選択されるのが自然です。

　例えば、ある商品を買うために店に出向いた際、お目当ての商品はありましたが、その横に他社の類似品が特売品として半額で売られていたとします。商品としての品質にそれほど変わりなければ、または特別な思い入れがなければ、安価な商品が選択の対象となるでしょう。

　それでは、この条件で介護サービスを考えてみましょう。施設

サービスにおいては、ホテルコストに「内容の選択による価格の差」が生じる可能性がありますが、肝心のケアコストについて、要介護度が同じならばどの施設でも価格は変わりません。この選択の要件も、介護サービスでは機能する余地がありません。

③付加価値

選択の際に大きな影響を及ぼすのが付加価値（プレミア）で、通常、限定品や（付随の）景品などが該当します。付加価値商品についても、情報や価格がほかの類似物（サービス）と同じならば、選択の可能性は高くなります。

それでは、介護サービスにおける付加価値とは何でしょう。1つは、介護職のうち、国家資格である介護福祉士の占める割合です。単に介護福祉士だからよい、無資格者だから悪いと割り切れるものではありませんが、情報がなければ選択の大切な要素となります。

もう1つは、研修の実施状況です。固有のニーズを抱えている利用者や家族ほど、この点が選択の誘因として機能する可能性が高くなります。負担するのであれば、自分たちのニーズに合致する物（サービス）を選びたいのが自然です。

例えば、聴覚障害があるため、簡単な手話を理解できる介護職に担当してもらいたい、もの盗られ妄想が激しく、何度も事業者とトラブルになったため、それを回避したいなど、ニーズはさまざまです。こうしたスペシャル・ニーズを抱えた利用者は、選択の際、対応における信用性として、職員の研修の確実な実施を求めるかもしれません。

その証明が口頭だけだったり不完全であればどうでしょう。そこで初めて、付加価値の誘因が、介護サービスの選択の要件として機能するための必須事項として、正確・明確な記録の存在が重要になります。

④試用（お試し）

　最後の選択の要件として、確実に選ばれるための手段といえる試用（お試し）があります。これは、選択権をもつ人に試してもらい、選択を確実にするための最終手段です。特に、選択者がその物（サービス）の情報をもっていない場合に有効です。さらに提供者が、自分の提供できる物（サービス）の品質に自信があるほど、効果が発揮できる可能性が高まります。

　しかし提供者からすれば、この手法は介護サービスにおいて多少の困難を伴います。介護サービスでは利用体験がありますが、それはここでいう試用（お試し）ではありません。なぜならば、体験が実施される際には、介護する人もされる人も最良のコンディションで実施される可能性が高いためです。

　介護サービスにおいて求められるのは、互いに最良のコンディションの状態でのかかわりではなく、最悪の状況でどれだけ利用者が満足を得られるかです。よい状態で試用（お試し）をしても、選択権をもつ利用者はそれを判断基準として用いることができません。

　また、自分と似た境遇の他人が満足しているからといって、自分も同じとは判断できないのが介護サービスです。一人ひとりの容貌が異なるのと同じで、必要とするサービスも個々人で異なります。

　さらに、1人の利用者に365日同じサービスを提供しても、その中身は微妙に異なるはずです。それを疑似体験＝試用（お試し）させるのは無理な話です。しかし、そのサービスのよさを証明し理解してもらい、選択の基準の参考にしてもらう方法があります。それは、形のない商品である介護サービスに形を与えることです。そのためには、映像として残して確認してもらう方法と、記録として書式に残す方法があります。ここまでくれば、記録として書式に残すほうがより現実的であることは明確です。

I 記録の意義と目的

　こうして選択の4原則から検証すると、介護サービスにおいてはこのうちの2つがうまく機能せず、残りの2つは記録が介入することで機能することが明確になりました。
　さらにこの結果から、記録は利用者のためだけに残しているのではなく、サービス提供側の責任として、仕事の証として残していることがわかります。

（2）ケアの内容のわかりにくさ

　記録を書くことは、形のない介護サービスに形を与え、利用者や家族によりわかりやすく、ケアの内容を伝えることといえます。

　しかし内容を伝えるということが、介護サービスについては非常に困難を伴います。介護サービスは、利用者や家族の生活に密着し、毎日を支えるものですが、その内容には、かかわるプロの専門性が介入します。その専門性を利用者や家族にそのまま伝えても、利用者や家族には、自分たちとは異なるものに映るのではないでしょうか。

　介護サービスの提供者に求められるのは、単に内容を伝えるだけではなく、自分たちの相対する利用者や家族の視点に合わせて情報を提供できるかどうかです。これを説明責任（アカウンタビリティ）といいます。近年、記録を残す側に説明責任（アカウンタビリティ）の観点があるかどうかが非常に重要になってきています。

Ⅰ 記録の意義と目的

4 これから必要とされる記録の中身と伝え方

（1）高まる権利意識

　介護保険制度が導入されて10年以上が経ちました。それに伴い、高齢者介護サービスは金銭の対価としてのサービスという認識が世間にも広がってきたように思われます。その1つの現れが、利用者や家族の権利意識の高まりです。これはある意味、福祉従事者が目指すエンパワメント※作用の効果が現れはじめた証拠だといえます。

　利用者や家族の意識の高まりに対し、介護職側である従事者は、より適切かつ十分な対応を求められるようになってきました。その1つが情報開示における対応です。

　利用者や家族には、自分が（家族が）どのようなサービスを受け、福祉従事者がどのような形で個人情報を管理しているかを知る権利があります。それゆえに、介護保険制度においては、事業者（施設）に情報開示規定の義務づけ※を課しています。

　措置の時代には頻繁にみられる現象ではなかった情報開示請求について、最近は耳にするようになりました。その内容も事業者（施設）にとって深刻化し、対応に苦慮している現状もあるようです。だからこそ、適切な対応を考える時期にきているといえます。

※自らの力（パワー）を自覚して行動できるような援助を行うこと。

※介護保険法そのものに直接的な記載はないが、厚生労働省から出された「医療・介護関係事業者における個人情報の適切な取扱いのためのガイドライン」（平成16年12月24日）に「本人からの求めによる保有個人データの開示」の項目があり、個人情報の保護に関する法律（個人情報保護法）第25条の規定に従い、「開示」しなければならない旨が明記されている。

17

（2）契約による個別支援のサービス提供

　利用者や家族の権利意識の高まりと、それに伴う個人情報としての情報の開示請求、契約による個別支援サービスの提供。これらの現象はすべて、介護サービスに求められていた責務の変化に影響を受けていると思われます。

　日本の福祉制度は、第二次世界大戦後の戦後混乱期の混沌とした世相を背景として生まれてきた側面があります。しかし、誕生したばかりの福祉制度や介護サービスは、生きるに足るを保障するにすぎないものでした。つまり、憲法で保障されている生存権を追求するものでしかなかったのです。

　当時は、福祉が意味する"幸せ＝当たり前の生活"を追求するためには、ここをカバーすることで精一杯だった現実があります。しかしながら、戦後60年以上経ち、人々の価値観が多様化し、世相も変わりはじめると"幸せ＝当たり前の生活"も、単に生きるに足りる生活（生存権）ではなく、個々人の価値観に合わせたその人らしい生活（幸福追求権）の実現に変化してきました。

　これを考えると、現在の介護サービス従事者（提供者）は、サービス提供に携わる際には、常にこの事実を認識し、意識下に置いておく必要があると思います。その意識の表れとして示すことのできるものの1つが記録ではないでしょうか。

　となれば、記録を記す専門職としては、常に、その心得として、集団的な生存権的発想だけではなく、利用者一人ひとりの幸福を追い求める観点（視点）が求められていることを忘れてはならないと思います。

表1-1　日本国憲法における「その人らしい生活」の定義

〔幸福追求権〕
第13条　すべて国民は、個人として尊重される。生命、自由及び幸福追求に対する国民の権利については、公共の福祉に反しない限り、立法その他の国政の上で、最大の尊重を必要とする。

〔生存権〕
第25条　すべて国民は、健康で文化的な最低限度の生活を営む権利を有する。
②　国は、すべての生活部面について、社会福祉、社会保障及び公衆衛生の向上及び増進に努めなければならない。

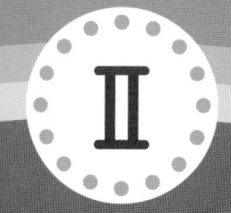

記録に必要な物事のとらえ方

前章では、記録の意義と目的を理解しました。次に、本章では、この目的を達成するために必要な物事のとらえ方を学習します。

1 物事のとらえ方

（1）身体状況のとらえ方

伝聞推量の弊害

　記録が、他者と共有できない、伝わらない理由として、根拠が明白でないという要因が挙げられます。情報としての記録の根拠が明白でなければ、その内容の真偽が、読み手（情報受信者）には判断できず、読み手を困惑させてしまうことになります。さらには、その後のサービス等に支障をきたすことも予測できます。

　このように根拠が明白でない記録は、共有という目的を阻むものとして是非とも避けなければなりませんが、現場では無意識に用いられ、さまざまなトラブルやリスクを引き起こす誘因となっているようです。

　その状況が顕著に発生する可能性が高いのが、身体的状況のとらえ方です。そのとらえ方が統一されていないと、共有を阻むばかりか、第三者には誤解を与えてしまうおそれがあります。

　その1つの例が、「**○○のようだ**」という記載、つまり伝聞推量の形を用いた記録です。「○○のようだ」という伝聞推量で伝えられた情報は、一見すると、書き手（情報発信者）が、利用者の様子等をよくみて伝えられた情報のようですが、これだけで済ませている記録は、他者との共有を第一義とする記録では使えません。

事実と状況証拠

　例えば「**熱があるようだ**」「**痛みがあるようだ**」という記録が残してあったとします。おそらく書き手は、利用者の所作や様子から異変を感じとり、この記録を残したのでしょう。しかもこの異変は、常日頃その利用者とかかわっている人が、細心の注意を払ったからこそ発見できたと想像されます。

Ⅱ　記録に必要な物事のとらえ方

　そうであれば、これこそ専門職としての仕事の証として残した記録といえそうですが、注意が必要です。熱や痛みがあるという、利用者の言葉にならないサインに気づき、これを記録に残したまではよいのですが、この後はどうなったのでしょうか。異変に気づいただけで、その後は放置してしまったのでしょうか。自分は、介護職であって、医療職ではない、だから熱や痛みの処置については自分の領域ではないから、記録として残すことはできないということでしょうか。

　もしそうであれば、これはプロとしての仕事の証ではなく、逆に職務怠慢の証、それどころか利用者に対する虐待の証拠ということすらできます。

　また、「**熱があるようだ**」「**痛みがあるようだ**」という情報だけであれば、熱や痛みという情報が、医療を領域としていない者の何の根拠もない私的な判断（単なる思い込み）としか評価されず、記録として成立しないおそれもあります。

　しかし、この記録が残された現場において、事実は決してそうではなく、この後、サービス提供に結びつけて適切な対応が行われているはずです。だからこそ、伝聞推量で記録を済ませてはいけません。伝聞推量の形でしか記録が残されていなければ、その記載事実の根拠が明白ではなく、読み手に誤解を与える可能性があります。

　プロとしての気づきを無駄にせず、仕事の証をしっかり残すためにも、伝聞推量は使うべきではありません。つまり、身体的状況を記録に残す際には、明らかな事実（視認など確認できる事項）と状況証拠、それも、プロであるがゆえに可能な推測事項の区別が必要です。伝聞推量のような不確実な情報で終わるのではなく、自分が記録の書き手として記した明確な根拠を示す必要があります。

（2）利用者の言動のとらえ方

マスキング（伏せ字）の弊害

　記録を残すことにおいて、現場には誤解が存在する可能性があります。なかでも多いのが、呼称や人名に用いられるマスキング（伏せ字）の問題です。

　例えば、施設に認知症がある2人の利用者、山田さんと田中さんがいたと仮定します。この2人にはそれほど特別なかかわりがあるわけではありません。

　ある日の午前中、お昼にはまだ少し時間があるので、2人はホールで何気なく談笑していました。初めは何事もなく、天気のことなどを話していましたが、そのうち何か言葉の行き違いがあったのか、2人が言い争いになってしまいました。

　小競り合いという感じだったものが、最後には、元来の気質の違いもあり、気性が激しい山田さんが、差別用語を用いて、おとなしい田中さんを一方的になじるという行為になってしまいました。

　この場に居合わせたあなたは「まずい」と判断し、2人を引き離し、事の収拾を図ろうとしました。

Ⅱ 記録に必要な物事のとらえ方

　さて、この場に遭遇した介護職のあなたとしては、この状況を記録に残す必要がありますが、何と残しますか。

　もし、あなたの頭の中に「YさんがTさんを聞くに堪えない言葉で罵倒してトラブルになった…」等という文言が浮かんでいれば、記録者として失格です。なぜかというと、この表現では記録の機能が果たせないからです。

　記録は、「いつ」「誰が」みてもわかるものでなければ意味がありません。「Yさん」「Tさん」等の表現では、誰のことなのか定かではありません。

　また、自分が書いたものでありながら、時間を経て再度自分で読み返した場合にも、容易にこれが「山田さん」と「田中さん」を指すとは思い出せないのではないでしょうか。それでは仕事の証の記録として機能していないことになってしまいます。

事実をありのままに記載する

　なぜ、このような誤解が生じるのでしょうか。これは、個人情報の保護に関する法律（以下、「個人情報保護法」）の誤解だと思われます。個人情報保護法が成立して個人情報が守られている現状は大いに結構ですが、一部に過剰反応があり、さまざまな場面で支障をきたしているようです。

　介護記録は、利用者やその家族の大切な情報ですが、これは一般的な情報と異なり、専門職の高度な判断や知識が介入しています。

　このような情報に関しては、開示請求がなされた場合、開示がさまざまな権利侵害を惹起するおそれがある際には、専門職の職業的判断として、一部開示請求を拒むことができるとされています（表2-1）。ですから、記録にマスキング（伏せ字）処理を最初からしなくても、そのような場合に初めてマスキング（伏せ字）をして開示すれば足りる問題です。

　さらに「**聞くに堪えない言葉**」という記録も、ある意味ではマスキング（伏せ字）のように、本来の記録としての機能を果たせない可能性があります。差別用語を山田さんが使ったということ

で、わざとこのような抽象的な表現になったと思われますが、この言葉はトラブルを象徴するような言葉なので、曖昧にする必要はありません。

　差別用語であろうが方言であろうが、発せられた言葉そのものを記録しておかないと、その場にいなかった者に臨場感が伝わらず、今後のケアに記録を活かせないおそれがあります。つまり、利用者の言動に関しては、その言動のみならず、動作の主体者の名前を含め、事実をありのままに記載することが大切です。

※「保有個人データ」とは、個人情報取扱事業者が、開示、内容の訂正、追加又は削除、利用の停止、消去及び第三者への提供の停止を行うことのできる権限を有する個人データであって、その存否が明らかになることにより公益その他の利益が害されるものとして政令で定めるもの又は1年以内の政令で定める期間以内に消去することとなるもの以外のものをいう（第2条第5項）。

表2-1　個人情報の保護に関する法律（平成15年5月30日法律第57号）

（開示）
<u>第25条　個人情報取扱事業者は、本人から、当該本人が識別される保有個人データ※の開示</u>（当該本人が識別される保有個人データが存在しないときにその旨を知らせることを含む。以下同じ。）<u>を求められたときは、本人に対し、政令で定める方法により、遅滞なく、当該保有個人データを開示しなければならない。</u>ただし、開示することにより次の各号のいずれかに該当する場合は、その全部又は一部を開示しないことができる。
　一　本人又は第三者の生命、身体、財産その他の権利利益を害するおそれがある場合
　二　当該個人情報取扱事業者の業務の適正な実施に著しい支障を及ぼすおそれがある場合
　三　他の法令に違反することとなる場合
2　個人情報取扱事業者は、前項の規定に基づき求められた保有個人データの全部又は一部について開示しない旨の決定をしたときは、本人に対し、遅滞なく、その旨を通知しなければならない。

（傍線筆者）

（3）暮らしの過ごし方のとらえ方

「いつもと変わりない」「特に変化なし」

　施設ケアにおいては、利用者と24時間365日かかわり続けていくことになります。そのうえで適切な記録を残していくとなると、かなり大変な作業です。特に、日々あまり変化がない（ようにみえる）利用者になると、さらに記載者は困惑してしまいます。

　その結果、日々の記録に利用者の生活の様子（暮らしの過ごし方）を記すにも記しようがなく、「**いつもと変わりない**」「**特に変化なし**」の表現で済まされてしまいがちです。さらには「**特変なし**」、もしくはまったく記載されず空欄の状態で残されることになってしまいます。

　このような際に、記録者にそのような記録を残した理由を尋ねると、「要介護5レベルで、発語もなく、日中ほとんど居室で休んでいる利用者だから」「特別な疾病や要求もなく、日々のルーティンケアの範疇でサービスが事足りる利用者だから」と、毎日その暮らしをとらえ、記録に残しようがないと答えが返ってきます。さらには、そのような状況だから、記録をする際の視点のとらえようがなく、何を書けばよいのかわからないという声も聞かれます。

　毎日利用者の暮らしを支え続ける施設ケアについては、利用者一人ひとりの過ごし方をとらえて記録に残すことは不可能であり、先のような意見に基づく記録の存在も仕方ないことなのでしょうか。

「長期目標」の視点をもつ記録を

　例えば、日常生活を送るうえで、私たちは基本的に他人の手を必要としません。自分が食事をしたいときに食事をし、トイレに行きたいときにトイレに向かうことができます。

　それでは、そのような自立した生活を送ることができる私たちは、日々変化のない毎日を過ごしているのでしょうか。時には特段病気ではないけれど、何となく身体に違和感があったり、身体

の異常はないけれど、精神的なダメージがあって物事がうまくいかなかったりするのは珍しいことではないでしょう。

　そうであれば、施設サービスを必要とする高齢の利用者は、基本的にサービス提供者の支援がなければ、暮らしが成り立たない人々です。その人々が、毎日何も感じず淡々と生活を送っていることがあり得るのでしょうか。

　何気なく毎日過ごしているようにみえる場合でも、現状以上に、より「その人らしい」「幸福を求める」暮らしがあるのではないでしょうか。それを少しでも実現できるようにサービスの提供を行っているはずです。

　特に介護保険制度下においては、個別契約によって利用者一人ひとりに約束しているはずです。となれば、サービス提供者（従事者）が「視点がとらえにくく、記録が画一的になってしまう」というのは、明らかに契約違反といえないでしょうか。

　それでは、利用者一人ひとりに約束された「その人らしい」「幸福を求める」過ごし方は、どのような形で示してあるのでしょうか。実は、これがサービスを提供する際に示してある「施設サービス計画書」に明記してある「長期目標」です。

　つまり、適切な（暮らしの）過ごし方を記録のうえでとらえる方法とは、(記録)記載者一人ひとりが、利用者の長期目標を把握し、さらには理解して、日々のサービスにおいて、その視点をもって記載していくことにほかなりません。

Ⅱ　記録に必要な物事のとらえ方

（4）生活行為のとらえ方

利用者日記の取り扱い

　不適切な記録として多くみられるのが、専門職の手による利用者日記、他者日記的な記録です。

　この記録の特徴としては、淡々と利用者の行動を箇条書きで書き連ねたものです。例としては「**入浴をした**」「**レクリエーションに参加した**」「**食事を半量摂取した**」など、本当に利用者が行った生活行為を書き並べただけの記録です。これはまさに、生活行為の記録を残す際のとらえ方の誤解や消化不良のケースだといえます。

　確かに、利用者にとって、1つの生活行為を行えたか否かは、サービス提供者（従事者）の支援の視点からも重要な事柄ですので、記録として残す必要があります。

　しかし、その事柄を一つひとつ羅列して残していくことが、記録を記す必要がある専門職に求められている責務なのでしょうか。もし、本当に妥当であれば、施設ケアにおいては、半永久的に記録作業が終わらない状況が予想できます。

　それでは、生活行為に関する記録をどのように対処していけばよいのでしょうか。

　生活記録は、記録として残す必要があるものの、文章化すると手間や無駄が多く、本来の記録の目的から逸脱する可能性があります。この点を踏まえると、生活行為の記録に関して、その行為を行ったか否かに関しては、わざわざ文章化するのではなく、データ処理をして済ませることが効率的かつ妥当といえます。

データ化した記録の扱い

　例えば、入浴に関しては、行ったか否かを○×でチェック形式で残したり、食事摂取量に関しては、「全」「半」「無」でデータとして残すことで十分です。

　それでは、生活行為のとらえ方としては、その行為があるか否

かのみをデータ処理すると、記録として機能するのかということですが、これから先が必要です。

　データ処理を行い、日頃と違うデータが得られた場合、例えば、いつも食事を全量摂取されて、ほとんど食べ残しがない利用者が半分残した場合には、その理由もしくは考えられる要因を文章化して記録に残す必要が出てきます。これは何も難しいことではなく、ケアの本質を考えると一目瞭然です。

　例えば、普段は全量摂取の利用者が食事を残したという事実が、次のケア（サービス）を展開するのに必要な情報なのか、それともなぜ残したのかという、その原因や理由が必要なのかをもう一度よく考えてみてください。生活行為をとらえるうえで必要なのは、その行為を行ったか否かよりも、なぜ日頃と異なる現状があるのかという、その理由であることが明確になると思います。

　つまり、その他の生活行為も、入浴したかどうかではなく「入浴をして、（利用者は）どういう表情だったのか」が記録として必要です。レクリエーションでは、参加した事実ではなく、参加した様子がどうであったかを文章化して詳細に残していくことが肝心なのです。

Ⅱ 記録に必要な物事のとらえ方

(5) ヒヤリハット・事故のとらえ方

リスクが小さいうちに迅速に対応する

　事故関係記録は、法令に「事故の状況及び事故に際して採った処置についての記録」と明記されており、すべての介護保険事業において必ず整備されなければならない記録として位置づけられています。

　この部分だけをみると、事故発生時の記録、すなわち事故報告書だけを想定しがちですが、ここでは事故報告書のみならず、事故未然対策としてのヒヤリハット（インシデント）報告書も含むと考えたほうが現実に即しています。

　表2-2は事故関係記録の様式の一例ですが、報告という観点からみると、事故報告書とヒヤリハット報告書は共通様式で問題ありません。ヒヤリハットか事故か、必要な言葉をどちらか選択して、場合に応じて使い分ければ機能的です（形式だけを増やしても管理が大変です）。

　様式を統一した場合は、様式は同じでも目的・機能は別のものであるという認識を、組織末端まで浸透させることです。

　ヒヤリハット報告書については、管理者が提出することを規則化するほどでなければ、必ず作成するものだという共通認識が生まれず、機能が発揮できません。ヒヤリハット報告書は、同じ環境で働く者に対して、自分が肝を冷やした経験を通して注意を呼びかけるための記録なので、1枚でも多く提出されたほうが、リスクが小さいうちに迅速に対応できることになります。

　この点から考えても、ヒヤリハットの内容を適切に残していくことが重要です。

視覚に訴える方法

　表2-2のA・B欄は発生状況を報告する欄ですが、文章だけで事態を他者に伝えるには限界があります。それを補うためにも、B欄の略図のように、視覚に訴える方法を併用してください。よ

り伝わりやすく理解しやすくなるはずです。

　ヒヤリハット報告書では、発生状況を伝えることも重要ですが、それよりも大切なのが、そのヒヤリハットの原因追究と打開策の提示です。いかに事故を防ぐかがこの記録の使命ですから、C欄が空白だと、記録としての要件を満たすことができません。

　さらにこの記録は、全従事者に周知徹底することによって、要件が完全に満たされることになります。そのため2週間程度を目安として、全従事者に回覧し、全従事者が押印かサインすることを原則とするのがよいでしょう。

　しかし、交代性勤務等の都合で困難が伴う場合、D欄のように、部署ごとの押印欄を設けて、その部署の責任者が部署全員に周知徹底することで管理し、組織全体の浸透を図るという方法もあります。施設（事業所）ごとに工夫をして、より早く、より確実に、全従事者の視覚に訴えてインシデントを意識・認識させるシステムを確立することが重要です。

　また、この様式を事故報告書として用いる場合、D欄を使用するかどうかはそのときの判断に委ねられます。

Ⅱ 記録に必要な物事のとらえ方

表2−2 事故関係記録の様式

ヒヤリハット・事故報告書

報告年月日　年　月　日

利用者氏名	住所	TEL

発生年月日　　　年　月　日（　） 　　　　　　　時　　分　頃	サービス対応時間 　　　　　〜
発生場所	報告者氏名　　　　　　　　印
発生状況 Ⓐ	略図 Ⓑ

利用者、家族への説明・内容

事故原因と今後の対策 Ⓒ

Ⓓ

管理者	相　談	看　護	介　護	事　務	調理（　）

33

（6）苦情・要望のとらえ方

期限を決めて対応する

　皆さんの所属する組織（施設）では、苦情や要望をどのようにとらえているでしょうか。もちろん、サービスを提供するうえで障壁となるリスクは少ないほうがよいのですが、苦情や要望も果たしてそのような存在なのでしょうか。

　完璧なサービスを提供して苦情などないのが理想ですが、さまざまな価値観に左右される介護サービスでは望めることではありません。

　それでは、苦情や要望をどうとらえておけばよいのでしょうか。その答えが、1999年（平成11年）に出された厚生省（現・厚生労働省）の通知※に示されています。通知のなかでは、苦情を「サービスの質の向上を図る上での重要な情報」であるとし、サービス提供者は、その認識をもったうえで、「サービスの質の向上に向けた取組を自ら行うべき」としています。

　つまりサービス提供者側にとって、苦情を厄介なものというネガティブ要因ととらえるのではなく、利用者や家族からの声なき声が形となって現れたポジティブな、提供者の質の向上に役立つ情報としてとらえるということです。

　現場においては、日々のサービスに追われてしまい、せっかく一部の善意ある利用者や家族から貴重な情報（提案）が提供されているのに、無視したり先送りしたり、曖昧に処理されがちです。その傾向が組織全体に強いと、いざ不祥事に発展してリスクが生じた際に、いかに誠心誠意の対応をしても、どの程度利用者や家族の心に響くのでしょうか。この視点を基盤として、具体的な取り組みが求められます。

　苦情が発生した際に大切なのは、どのような内容であっても逃げないことです。たとえその内容が、施設や事業者に問題がない（責任がない）ものであっても、まずは受け止めることが重要です。すべての内容を確認したうえで、自分の所属する組織の問題

※「指定居宅サービス等及び指定介護予防サービス等に関する基準について」（平成11年9月17日老企第25号）

でなければ、関係機関につなげて方向性を探ることが求められます。

対応が難しい場合は、判断できる上司に同席を依頼するか、それが不可能であれば、利用者や家族に対して猶予を願い、期日を切って対応することです。

さらに、1日でも早く迅速に対応する姿勢が必要です。苦情の初期対応において、「わかりません」「できません」「無理です」は禁句といえます。

1人の苦情でも真摯な対応を

次に、1人の利用者や家族からの苦情を個の問題ととらえるのは、苦情対応においては危険です。たとえ1人からの訴えであっても、表に現れたのがそのケースだけであって、影に潜んでいるケースが多数存在するかもしれません。

介護サービスの利用者にはサイレント・クレーマー（沈黙の批判者）と呼ばれるタイプが多いのが事実です。言いたくても言えない、自分が我慢すれば済むこととあきらめて、声として挙がってこないケースも考えられます。

このようなケースを見過ごしていると、些細なことが契機となり大爆発が起こり、重篤なリスクに発展してしまいます。これを防ぐためにも、一つひとつの苦情や要望に丁寧な対応をする必要があります。

苦情のなかには、職員を名指ししたものも存在します。その場合、指名された個人の問題として対応することも、苦情対応の定石とはいえません。個人のスキルや対応に問題があったのかもしれませんが、これも「たまたま」その職員が名指しされただけであって、ほかの職員に問題がないわけではないのかもしれません。

また、その職員だけが本来あるべき業務を忠実に遂行しているのであって、その他がルール違反を犯しているために、誠実な職員が異端視されている可能性もあります。

訴える立場と訴えられる立場、どちらの視点においても、苦情対応においては、個の問題ととらえるのではなく、氷山の一角と

して対応することが望まれます。

苦情を記録する

最後に、苦情や要望に関しては、日頃から必ず受付書を作成し、記録として残すことを組織全体で慣例化することです。どのように些細なことであっても、施設として受け付けた以上は形として残す必要があります。その際、苦情の内容だけではなく、結末まで明記しなければなりません。

訴えがあった利用者に、その場において口頭で説明し、利用者の了解を得た場合であっても、事の顛末を決まった書式に則って記録がなされていれば、今後の対応の基準になり、場当たり的な対応も少なくなります。

場当たり的な対応については、委員会制度の活用も効果を発揮します。組織で定められた受付書を叩き台にして、さまざまな部署や職種から構成された委員会で対応を考え、組織における苦情対応のスタンダード（基準）を作成することができれば、組織が成長して誰が苦情担当になっても同じ対応が可能となり、苦情や要望がリスクとして甚大化する誘因である不誠実（誠意の欠如）の問題も解決できるものと思われます。

これらの対応は、現場で実践済みとなっていることも考えられます。そこでまとめとして、苦情対応において見過ごされがちな事柄を挙げておきます（表2−3）。

表2−3　再発防止3か条

1．申立者（利用者または家族等）に説明したか
　単に説明したというのではなく、申立者の視点に合わせて説明し、申立者の了解を得たか（説明責任（アカウンタビリティ）を果たしているか）。

2．従事者に周知したか
　申し立てられた苦情は、全従事者に苦情受付書（事の顛末が記載されているもの）を回覧し、すべての従事者に押印（サイン）をさせて認識を促したうえで、周知したか（回覧の際には、必要に応じて個人情報保護には留意することが肝要）。

3．公表したか
　たとえ1人の申し立てであっても、氷山の一角であることも考えられる。広報紙や施設内掲示等の方法で、改善策を含めて関係者に広く公表することが大切である（公表時は、個人情報保護に対する配慮が欠かせない）。

（7）情報のとらえ方

主観的表現の取り扱い

　記録を残すうえで、確実に情報を共有するための鉄則は「根拠が明白な『事実』を残していくこと」といえます。当たり前のことですが、いざ自分で記録を残して他者に伝えようとすると、他者との摩擦や誤解が生じることが多いものです。皆さんの現場でも、これらが誘因となったトラブルやちょっとした行き違いが存在するのではないでしょうか。

　こうしたトラブルのなかでも多くの割合を占めるのが、主観的情報の取り扱い、記録に表出する問題として言い換えると、主観的表現と呼ばれるものです。

　主観的表現は、記録を書き慣れていない新人や非常勤の職員に多くみられる不適切な記録の例ですが、根拠が明白な事実を伝えるという記録の鉄則への十分な理解がないと、ベテラン職員でも犯しがちな誤りです。

　例えば、利用者に対して「**わがままで短気だ**」という評価を記録として残したとします。さて、この「**わがままで短気**」というのは、事実なのでしょうか。また、それを明白な事実とする根拠（証拠）は存在するのでしょうか。

Ⅱ　記録に必要な物事のとらえ方

　この記録を残した職員が、相対的にそのように感じたから、また、言動からそう思ったからというのは根拠になりません。なぜなら、利用者が「**わがままで短気**」というのは元来の気質ではなく、応対している職員のコミュニケーション技術の未熟、または接遇における配慮の欠如に対する批判であるかもしれないからです。

　そうであれば、職員の能力（スキル）不足が要因なのに、いかにも利用者側に問題があるような記載をしているのかもしれないというおそれがあります。これでは、根拠が明白な事実とはいえません。

職員次第で事実が異なる情報に

　このような記録をほかの職員に伝えた場合、その職員が利用者と面識がなく、記録を事前の情報として入手すれば、先入観が邪魔をして適切なサービス（援助）ができなくなる可能性もあります。

　また、多少口調が厳しく要求の多い利用者という事実があっても、かかわり方やかかわる者によっては、その姿がわがままや短気ではなく、主張がはっきりしていてかかわりやすいと映るかもしれません。

　このように、職員次第で事実がまったく異なる情報になる可能性があるものは、記録として成立しません。主観的表現はその可能性が高く、避けなければなりません。「**わがままで短気**」という表現が示された記録は、利用者側から開示を求められた場合、根拠について説明できないばかりか、トラブルを大きくする可能性もあります。リスクマネジメントの視点からも避けなければならない表現です。

（8）BPSDのとらえ方

BPSDの記載

　記録を残すうえで、認知症の人の行動や生活行為、それに伴うケアの内容を的確に残すのは重要ですが、同時に困難も併存します。

　なかでもBPSD（Behavioral and Psychological Symptoms of Dementia；認知症の行動・心理症状）については、意識的にとらえていかないと、開示や共有の際、読み手にうまく伝わらないばかりか、トラブルの誘因になる可能性もあります。誘因になりやすい表現（情報）が、BPSDの1つである「介護抵抗」です。BPSDとは、徘徊や妄想、攻撃的行動（介護抵抗を含む）、不潔行為、異食等の認知症に伴う行動・心理症状を意味します。以前は「問題行動」「周辺症状」と表現されていました。

　「介護抵抗」とは、介護者がケア（サービス）を行おうとすると、何らかの抵抗を認知症の人が示し、生活維持に困難性が発生する状況を指します。プロの仕事の証として残している記録にこの記載があると、第三者（特に家族）との信頼関係に亀裂を生じる原因となるおそれがあります。

　それゆえに、「介護抵抗」は問題行動ではなく、体調不良や環境（人間関係を含む）への不適応、さらに利用者本人にとっての不快状況から起こる訴え（ニーズ）ととらえることができるのではないでしょうか。

　本来ならば、訴え（ニーズ）は言葉や文字で発するものですが、認知症であるがゆえに、それがうまく表現できず、介護者の手を払いのけるなどの身体的行動で現れたのかもしれません。それを記録で「**介護抵抗**」と一言で済ませることは、ケアの本質から外れたことではないでしょうか。

チームとしての強みを活かす

　自宅で家族が介護をする際に入浴拒否や徘徊があり、家族が対

Ⅱ　記録に必要な物事のとらえ方

応・改善しようと努力しても利用者に受け入れてもらえず、その反応として暴力行為や大声での抵抗があった場合はどうでしょう。

やむを得ず、介護者である家族が「介護抵抗」という表現を用いるのは仕方ないと思います。代替要員もおらず、介護の手段としても、ほとんどの家族介護者が初めてであることを考えると、ほかのアプローチは思いつきません。それはもはや、家族からみると「抵抗」以外の何物でもないでしょう。

しかし専門職であれば、知識と経験があります。それも個人としてのものだけではなく、組織としての潤沢なものが存在しているはずです。

介護サービスはチームケアです。たとえ1人の従事者でうまくいかなくても、それに代わる人材が存在する可能性が高いはずです。

その状況（対応可能性）があり、家庭内で介護の限界を感じて施設や事業所に望みを託した家族からみれば、「**抵抗**」の一言で済まされ、記録をどんなに確認しても、それ以上の対応がみられなければ、失望感を感じるのではないでしょうか。そればかりか、何のために契約をして対価を支払い、委託したのかという疑問や不満につながります。あげくの果てに、できないのではなく、しないのではないか、これは虐待の1つである放棄（ネグレクト）ではないかという不信感が生まれても不思議ではありません。

「**介護抵抗**」という記載は、ケアの現場では慎重に取り扱うべきです。BPSDに関しては、複数の専門職が多種多様なアプローチを試みたうえで、それでも認知症の人の行動・行為が収まらなかったり、抵抗を示された場合にのみ、「**介護抵抗**」と記すことができるのではないでしょうか。

もちろんその際には、抵抗に至るまでの過程を詳細に残しておかなければ説得力がありません。

（9）見守りのとらえ方

自立支援からみた見守り

　介護サービスには、自立支援やADL向上の観点から、あえて手を出さないという考え方があります。これを一般的に「見守り」と表現します。

　見守りという表現は、サービスや介護行為としては注意が必要であり、記録に使う際には厄介な代物です。

　皆さんは見守りという表現が使われる介護をどのように理解していますか。厚生労働省のＱ＆Ａ*には、「自立生活支援のための見守り的援助の具体的な内容」として、次のような行為が該当するとされています。

（1）入浴、更衣等の見守りで、必要に応じた介助、転倒予防のため声かけ、気分の確認などを行う
（2）ベッドの出入り時など自立を促すための声かけなど、声かけや見守り中心で必要な時だけ介助を行う
（3）移動時、転倒しないように側について歩き、介護は必要時だけで、事故がないように常に見守る

　これは訪問介護事業に対する解説ですが、施設ケアにおいても基本的な考えは同じです。利用者から遠く離れて行う遠監視や、ほかの利用者のケアや業務をしながら行う"ながら介護"は、記録上は「**見守り**」とするのは、妥当ではないということがわかります。

記録としての残し方

　前述の例を確認すると、「必要に応じた」「事故がないように常に」という文言に気がつきます。見守りについては「自立支援、ADL向上の観点から安全を確保しつつ常時介助できる状態で行う見守り」を「自立生活支援のための見守り的援助」として、「単なる見守り・声かけは含まない」としています。

　つまり、プロの介護サービスとして見守りという表現を記録で

※「介護報酬に係るＱ＆Ａ」（平成15年5月30日事務連絡）

Ⅱ 記録に必要な物事のとらえ方

使うのならば、利用者の身体に触れずに介護者自らが手を出さない状況・状態であっても、常に「利用者の自立支援、ADL向上」という目的意識や安全に対する配慮と体制が備わっていたことが証明されていなければなりません。

さらには、危険時に手を差し伸べることが不可能なほど離れた位置、ほかの業務を行いながらなどは、事故等のトラブルが発生した場合、記録そのものが放棄（ネグレクト）の証明になってしまう可能性もあります。

仮に見守りという表現を用いるのであれば、ケアとしての必要性と正当性について、安全配慮等を示しながら的確に記さなければならないでしょう。必要性と正当性を示すためには、サービス記録だけではなく、「計画書」に示され、かつ整合性が求められることも大切です。

(10) 共有のとらえ方

読み手を意識した書き方

　介護サービスで記録を残すのは、プロとしての仕事の証であり、介護のプロとして利用者や家族に満足してもらえる「その人らしい生活」を実現するためです。専門職個々の力だけで実現は図れないため、多数の協力の下、１つの方向性を目指してケアを推進することになります。

　これがチームケアといわれるものですが、施設ではチームケアがいかにスムーズに展開されていくか、また個々の力量やとらえ方の温度差を解消し、均質的なサービスを実施していくのかが求められます。

　さらに、組織において情報共有を図るためには、読み手（情報受信者）の目を意識する必要があります。

　例えば、インテーク（初回面接）を行う立場の人が、そこで得た情報を伝えるために、「（利用者は）**小学校の先生をしていたようである**」という伝え方をすると、読み手は困惑してしまいます。それは、「小学校の先生をしていた」のが事実なのか、書き手（情報発信者）の推測なのか明確でなく、事実とした場合、この情報をケアに使ってよいのかどうか判断に迷ってしまうからです。

　書き手は、利用者の生活歴を確認するなかで「小学校の先生をしていた」というニュアンスを利用者から感じとり、事実の確認を行ったところ、利用者が明確な回答を行わなかったため、事実を確認できなかったのであれば、「**小学校の先生をしていたようである。本人に確認するも明確な返答がなかった**」と記載する必要があります。

　すると読み手は、小学校の先生をしていたという情報は、何らかの理由で利用者にとって触れてほしくない情報であり、信頼関係が成立するまで、もしくは特別にケアで必要となるまでは、この情報に触れずにかかわったほうがよいと判断することが可能になります。

Ⅱ　記録に必要な物事のとらえ方

このように、情報の共有を図るためには、書き手は読み手の目を意識することが重要です。この際、書き手は、利用者やその家族、第三者をも読み手として考えていく必要があります。

誰にでも理解できる記録を

チームのメンバーだけが理解できる情報によって構成された記録は、説明責任（アカウンタビリティ）をないがしろにしたもので、プロの仕事の証とはいえません。

例えば「**娘から連絡があった**」「**地域包括支援センターに確認した**」という記載は、記録者本人や当時メンバーとしてかかわった人であれば、特定の人物に結びついて情報として成立するでしょう。しかし、開示を請求した利用者や家族、監査などの第三者には不明瞭な点が多く、事実と結びつけづらく、疑惑や不信につながることも考えられます。

記録は、いつ誰がみても事実がわかるという鉄則から考えると、情報の共有者は、その記録を目にする可能性がある人全員と心得るべきです。

申し送り簿の注意点

ここで、情報の共有について、特に施設でみられる不備について指摘しておきます。介護現場で情報の伝達・共有の手段として用いられる「申し送り簿」に不備がみられるケースがあります。それは、誰がその情報を共有しているのか確認できない点です。

申し送り簿には詳細に内容が記載してあり問題はありませんが、第三者の視点でみると、一体誰が情報を確認したのかがみえないことがあります。確認すると「出勤したら各自確認することになっている」と回答がありますが、このような状態では事故やトラブルが発生した場合、せっかくの情報共有の手段が無駄になってしまうおそれがあります。確実かつ正確な共有を実践するためには、情報を共有する人の確認印や署名などのシステムが必要です。

情報の確認者をはっきりさせるシステムの徹底は、リスクマネジメントの徹底にもなるため、早速実践しましょう。

2 根拠のある記録を書くための注意点

（1）法令遵守（コンプライアンス）
──介護保険が求める視点

どこまでを記録に残すのか

　介護記録として何を残していくのか、残していかなければならないのかは、前節までに説明しました。しかし現場では、すべて記録として残すのは不可能です。

　そこで、記録としてどのようなものを、どのような形で残せばよいのかが問題になります。言い換えれば、介護従事者の仕事の証として記録を機能させるためには、最低限どの程度必要かということです。介護サービスは介護保険法という一定の規則（ルール）のうえに成り立っているため、制度のなかにその答えが見出せそうです。

　記録を残す者として気になることであり、法令遵守（コンプライアンス）の重要性が叫ばれる今日、きちんと把握しておくことが必要です。

形式は、現場の判断に委ねられている

　実は介護保険法そのものには、記録に関する具体的な規定はありません。それでは、記録について法令遵守（コンプライアンス）を特に意識しなくてよいのかといえば、それでは現場が混乱してしまいます。実際は、介護保険法そのものではなく、別の法令に定めてあります。これは、サービスごとに定められている「運営基準」と呼ばれるものです。

　運営基準には、介護保険制度下の各事業（サービス）を推進するにあたって必要な人員や設備、運営に関する規定が定められています。その運営に関する規定の1つとして、記録に関する事柄

II 記録に必要な物事のとらえ方

があります。

　表2−4に、介護保険制度下の入居系サービス（施設、居宅および地域密着型の一部）で必要とされる記録の規定を挙げておきました。規定といっても、各サービスに求められる記録を箇条書きに羅列してあるだけです。各々のサービス分を比較しても、その羅列に大差はありません。

　つまり、介護保険制度においては、必要とされる記録の種類（概要）が定めてあるだけで、その形式（書式）等は現場の判断に任せるということです。

　そうなると、ほかの現場を経験している職員が新たにチームに加わると、「前の施設（事業所）ではこうしていた」と異論を唱えるなど、現場が混乱することがあるかもしれません。この規定をみる限り、こうしなければならないという絶対の形は定められていないので、その現場に合った記録（形式）を職員がうまく使いこなすことが重要です。

　もちろん、外部からの新しい情報をその施設に取り入れることでプラスになることもあります。外部の情報を積極的に取り込む柔軟な体制（雰囲気）があれば、記録に関するよりよい環境がつくられます。

表2-4 記録形式に関する介護サービスの基準

介護老人福祉施設
● 「指定介護老人福祉施設の人員、設備及び運営に関する基準」
（第37条第2項）
（1）施設サービス計画
（2）提供した具体的なサービスの内容等の記録
（3）身体的拘束等の態様及び時間、その際の入所者の心身の状況並びに緊急やむを得ない理由の記録
（4）市町村への通知に係る記録
（5）苦情の内容等の記録
（6）事故の状況及び事故に際して採った処置についての記録
以上の記録を整備し、その完結の日から2年間保存しなければならない。
※2018年（平成30年）までに存在する介護療養型医療施設については、「〔旧〕指定介護療養型医療施設の人員、設備及び運営に関する基準」第36条第2項にて同様に規定。

介護老人保健施設
● 「介護老人保健施設の人員、施設及び設備並びに運営に関する基準」
（第38条第2項）
（1）施設サービス計画
（2）居宅において日常生活を営むことができるかどうかについての検討の内容等の記録
（3）提供した具体的なサービスの内容等の記録
（4）身体的拘束等の態様及び時間、その際の入所者の心身の状況並びに緊急やむを得ない理由の記録
（5）市町村への通知に係る記録
（6）苦情の内容等の記録
（7）事故の状況及び事故に際して採った処置についての記録
以上の記録を整備し、その完結の日から2年間保存しなければならない。

特定施設入居者生活介護事業
● 「指定居宅サービス等の事業の人員、設備及び運営に関する基準」
（第191条の3第2項）
（1）特定施設サービス計画
（2）提供した具体的なサービスの内容等の記録
（3）身体的拘束等の態様及び時間、その際の利用者の心身の状況並びに緊急やむを得ない理由の記録
（4）委託業務の実施状況定期確認の結果等の記録（他事業者業務委託の場合）
（5）市町村への通知に係る記録
（6）苦情の内容等の記録
（7）事故の状況及び事故に際して採った処置についての記録
（8）介護保険法施行規則第64条第3号に規定する書類（有料老人ホームの場合）
以上の記録を整備し、その完結の日から2年間保存しなければならない。

Ⅱ 記録に必要な物事のとらえ方

認知症対応型共同生活介護事業
● 「指定地域密着型サービスの事業の人員、設備及び運営に関する基準」
（第107条第2項）
（1） 認知症対応型共同生活介護計画
（2） 提供した具体的なサービスの内容等の記録
（3） 身体的拘束等の態様及び時間、その際の利用者の心身の状況並びに緊急やむを得ない理由の記録
（4） 市町村への通知に係る記録
（5） 苦情の内容等の記録
（6） 事故の状況及び事故に際して採った処置についての記録
（7） 運営推進会議での報告、評価、要望、助言等の記録
以上の記録を整備し、その完結の日から2年間保存しなければならない。
※小規模多機能型居宅介護事業（第87条第2項）においては、（1）の代わりに「小規模多機能型居宅介護計画」、上記（2）〜（7）以外に「居宅サービス計画」の整備が規定されている。

（2）説明責任（アカウンタビリティ）と記載時のモラル

記載すべき記録とは

　前項で、介護保険制度下における施設（入居系）サービスの記録には、定められた形がなく、現場ごとの判断で作ることができると説明しました。しかし、運営基準に定められている記録の種類さえ完備すれば、その内容は問われないわけではありません。内容については、ある程度統一された規則があります。

　施設サービスの場合、「施設サービス計画書」（以下、「計画書」）については、その形が厚生労働省の通知※で例示されています。つまり、法に規定はないものの、参考にできる雛形が示してあるのです。

　通知のなかでは、「施設サービス計画書標準様式及び記載要領」として、施設サービス計画書の第1表（施設サービス計画書（1））から第6表（施設介護支援経過）までの雛形とその記載要領が示されています。第2表（施設サービス計画書（2））の記載事項には、「生活全般の解決すべき課題（ニーズ）」、「目標（長期目標・短期目標）」の設定とその「期間」、「サービス内容」、「担当者」、「頻度」、「期間」が規定されています。

求められる説明責任

　目標の設定と記載（表現法）については、「抽象的な言葉ではなく誰にもわかりやすい具体的な内容で記載することとし、かつ目標は、実際に解決が可能と見込まれるものでなくてはならない」と定められています。

　つまり、「施設サービス計画書」においては、統一された規則として、利用者や家族の視点を考慮した説明責任（アカウンタビリティ）の配慮が定められているといえます。

　さらに、この配慮を行ったうえで規則を遵守さえすれば、形は問わないとしているのです※。

※「介護サービス計画書の様式及び課題分析標準項目の提示について」（平成11年11月12日老企第29号）

※上記通知では、「当該様式及び項目は介護サービス計画の適切な作成等を担保すべく標準例として提示するものであり、当該様式以外の様式等の使用を拘束する趣旨のものではない」と示されている。

Ⅱ　記録に必要な物事のとらえ方

　このように、運営基準に規定されている「施設に備えなければならない記録」には、形は求められてはいませんが、遵守しなければならない規則が存在します。これは、記録を成立（機能）させるために重要なポイントといえます。このポイントを職員全員が理解・把握して記載時に活かすことが、記録記載時のモラルです。

（3）日々の業務記録を見直す
──利用者と家族が望むサービスに結びついているか

サービス提供記録のポイント

　記録記載時のモラルとして、記録のポイントを押さえることが重要と伝えました。ポイントを押さえることは、その記録がなぜ必要で、何のために書いているのかを考え理解することにほかなりません。「業務命令だから」「上司に言われるから」と受動的な対応を行ってはならないということです。

　その意味でも、最も考えて取り組んでほしいのが「サービス提供記録」です。サービス提供記録は計画書の次に位置づけられ、単なるサービス提供記録ではなく、提供した具体的なサービス内容等の記録となっていることが重要なのです（**表2−4**（48頁））。それでは「具体的な」と表現されているのはなぜでしょうか。ここに、サービス提供記録におけるポイントがありそうです。

　このポイントを把握・理解することは、サービス提供記録を記載する際のモラルともいえます。サービス提供記録は記録に関する規定であり、各施設サービスの運営基準に定められています。

運営基準のとらえ方

　しかし、運営基準をみても、肝心なことは明確ではありません。そこで、運営基準を正しく解釈するために出された通知をみると、運営基準のとらえ方が明記してあります（**表2−5**）。

　そこには、サービス提供記録に記録しなければならない事項として「サービスの提供日」「具体的なサービスの内容」「入所者（入院患者）の心身の状況」「その他必要な事項」が掲げてあります。つまり、「いつ（When）」「誰が（Who）」「どこで（Where）」「何を（What）」「なぜ（Why）」「どのようにして（How）」の「5W1H」を明確かつ正確に記載するように求めているのです。日々の具体的なサービス内容の証として、「特変なし」「空欄（白）」「行為の羅列」は求めていないということです。

Ⅱ 記録に必要な物事のとらえ方

　それでは、5W1Hを明確にして行ったサービスの内容を正確に記録すれば、ここで求めている具体的な内容といえるでしょうか。さらに1人の利用者について、チームで対応し記録を残していく際、各職種が「求められていること」に留意して記録すれば、それで十分な記録といえるのでしょうか。その記録は法令遵守（コンプライアンス）を十分なし得ている記録となっているのでしょうか。内容記載が不明瞭と指摘を受ける結果を導いてしまうのではないでしょうか。

表2-5 サービスの提供の記録に関する通知

介護老人福祉施設

「指定介護老人福祉施設の人員、設備及び運営に関する基準について」（平成12年3月17日老企第43号）
第四　運営に関する基準
　6　サービスの提供の記録
　　　基準省令第8条第2項[※1]は、サービスの提供日、提供した具体的なサービスの内容、入所者の心身の状況その他必要な事項を記録しなければならないこととしたものである。
　　　なお、基準省令第37条第2項に基づき、当該記録は、2年間保存しなければならない。

[※1]「指定介護老人福祉施設の人員、設備及び運営に関する基準」第8条第2項
　　　指定介護老人福祉施設は、指定介護福祉施設サービスを提供した際には、提供した具体的なサービスの内容等を記録しなければならない。

介護老人保健施設

「介護老人保健施設の人員、施設及び設備並びに運営に関する基準について」（平成12年3月17日老企第44号）
第四　運営に関する基準
　7　サービス提供の記録
　　基準省令第9条第2項[※2]は、サービスの提供日、具体的なサービスの内容、入所者の状況その他必要な事項を記録しなければならないこととしたものである。
　　　なお、基準省令第38条第2項の規定に基づき、当該記録は、2年間保存しなければならない。

[※2]「介護老人保健施設の人員、施設及び設備並びに運営に関する基準」第9条第2項
　　　介護老人保健施設は、介護保健施設サービスを提供した際には、提供した具体的なサービスの内容等を記録しなければならない。

介護療養型医療施設（2018年（平成30年）3月末まで）

「健康保険法等の一部を改正する法律附則第130条の2第1項の規定によりなおその効力を有するものとされた指定介護療養型医療施設の人員、設備及び運営に関する基準について」（平成12年3月17日老企第45号）
第四　運営に関する基準
　6　サービスの提供の記録
　　基準省令第10条第2項[※3]は、サービスの提供日、具体的なサービスの内容、入院患者の状況その他必要な事項を記録しなければならないこととしたものである。
　　　なお、基準省令第36条第2項の規定に基づき、当該記録は、2年間保存しなければならない。

[※3]「〔旧〕指定介護療養型医療施設の人員、設備及び運営に関する基準」第10条第2項
　　　指定介護療養型医療施設は、指定介護療養施設サービスを提供した際には、提供した具体的なサービスの内容等を記録しなければならない。

（4）均質的サービスの実現
——チームケアに記録は活かされているか

具体的な記録とは

　法令に求められている具体的な内容を記した、均質的なサービスの実施を証明するチームケアの記録とは、どのようなものでしょうか。日々の記録でどのように取り組めばよいのでしょうか。

　「具体的」というのは、介護行為だけを記録として羅列することを求めているのではなく、どのようなサービスをどのような目的で行い、どのような結果が発生したのかを記録することを求めているということです。単に、入浴や食事などの行為をリストで確認しただけのものは要件を満たしていないことになります。

　さらに、確認だけで残された記録は、リスクマネジメントの視点からも問題があります。サービスを本当に実施したかどうかの真偽が不明確になる可能性があるのです。

　それでは、文章で行為を羅列すれば大丈夫かといえば、十分とはいえません。文章で「**入浴した**」「**食事を全量食べた**」と記録してあっても、ケアとしてのサービス内容なのかどうかがわかりません。さらにこれでは、記録を残す本来の目的を見失ってしまいます。

プロの気づきを残す

　記録に求められているのは、サービス提供者が行った内容だけではなく、プロの介護職としての気づきを残していくことです。日々サービスを行ううえで、ある基準を考慮してサービスの提供に努めているかが問題になります。ここでいう基準が、計画書に示す「長期目標」「総合的な援助の方針」です。

　長期目標や総合的な援助の方針は、利用者や家族にも理解してほしいものですが、それ以上に、サービスを提供する職員が内容を的確に把握しなければなりません。職員全員が、長期目標や総合的な援助の方針を理解して行動したうえで、日々の仕事の証と

して記録に残していることが重要です。

　この点から考えると、計画策定者は利用者や家族のみならず、ほかの職員に対しても説明責任（アカウンタビリティ）を負っているといえます。

　計画書の長期目標に「排泄の自立支援」が謳（うた）ってあるのに、日々の「提供サービス記録」に排泄の自立に関する視点がなく、レクリエーションへの参加や入浴の状況だけしか記載がなければ、プロとしての気づきになっていないということです。

　さらに、契約は施設と利用者および家族との間で個々に結ばれているため、計画書は利用者個々に存在し、提供するサービス記録も個々に存在するはずです。

効率よく適切に記録を残す

　施設では24時間365日継続してサービスを提供しているため、毎日の記録が存在していなければなりません。利用者と家族への説明責任（アカウンタビリティ）を果たすためにも、この点は重要です。また、すべてのチームメンバーに対する説明責任（アカウンタビリティ）を果たすためにも、毎日の記録は欠かせません。

　皆さんの施設では、利用者や家族から「〇年〇月〇日のサービスの具体的な記録を開示してほしい」と請求された場合、きちんと対応できますか。「当施設は集団処遇をしていますので、日時を限定した個々人の記録は存在しません」という回答が通用しないのはいうまでもありません。

　つまり、個々の利用者を支援するためには、チームのメンバーが計画書を理解し、計画書に基づいてケアを実施し、結果として記録を残すという一連の過程を成立させる必要があります。新人だから、非常勤だから計画書を理解していないのでは、サービス自体が成立しません。

　しかし、この要件を満たすことは容易ではありません。毎日大人数の個々の記録を適切に残すには、大変な労力と時間を必要とします。ですから、効率よく適切に記録を残していくことが、施設の記録には求められます。

Ⅱ 記録に必要な物事のとらえ方

(5) 個別契約に対応した書式

既存書式の応用

　ここまで、利用者の日々の具体的なサービス内容を明記した記録を残す必要に迫られている状況を説明しました。それでは、その要件を満たす記録を残すためには、どのような方法（様式）が考えられるのでしょうか。新たな書式を取り入れなければ不可能なのでしょうか。現場の労働状況を考えると、新たな書式導入は避けたいところです。なるべく効率的に導入を図る方法はないものでしょうか。

　そこで着目したいのが、「施設サービス計画書」「バイタルチェック表」です。

　表2-6と表2-7をみてください。表2-6は「施設サービス計画書」の第3表「週間サービス計画表」、表2-7は第4表「日課計画表」を応用したものです。

　表2-6のA欄、表2-7のA・B欄には、もととなる計画表の該当欄をそのまま転記します。実際行ったサービスと本来の計画との間にずれ（サービスの中止や変更、時間のずれなど）が生じた場合、訂正・修正します。この際、修正液を使わずに、線を引くなどのルール化した方法で対処してください。これで、計画と具体的なサービス内容の状況が確認できます。

　さらに、表2-6のB・C欄、表2-7のC欄は、職員の気づきを記載する「特記事項欄」です。しかし、表2-6のC欄については、「備考欄」的な使用が現実的です。どちらを使うのかは、本来の計画書が「週間サービス計画表」か「日課計画表」で変わります。法令では、どのような様式を採用するかは事業者の裁量となっているので、現場の実情に合わせて選択してもよいと思います。

表2−6　週間サービス計画表

利用者名　　　　　　　様　　　　　　　　　　　　　年　月　日〜　年　月　日

		月曜日	火曜日	水曜日	木曜日	金曜日	土曜日	日曜日	週単位以外のサービス
深夜early朝	4:00								
	6:00								
	8:00								
午前	9:00								
	10:00								
	11:00								
午後	12:00								
	13:00								
	14:00								
	15:00			Ⓐ					
	16:00								
	17:00								
	18:00								
夜間	19:00								
	20:00								
	22:00								
深夜	0:00								
	2:00								
	4:00								
特記事項		Ⓑ							Ⓒ

表2−7　日課計画表

利用者名　　　　　　　様　　　　　　　　　　　　　年　月　日

		共通サービス	担当者	個別サービス	担当者	特記事項
深夜early朝	4:00					
	6:00					
	8:00					
午前	9:00					
	10:00					
	11:00					
午後	12:00					
	13:00					
	14:00	Ⓐ		Ⓑ		Ⓒ
	15:00					
	16:00					
	17:00					
	18:00					
夜間	19:00					
	20:00					
	22:00					
深夜	0:00					
	2:00					
	4:00					
その他のサービス						

Ⅱ 記録に必要な物事のとらえ方

バイタルチェック表に着目した方法

次に、「バイタルチェック表」に着目した方法が**表2-8**と**表2-9**です。どちらも、バイタルや日々の具体的なサービスの内容を確認してデータとして残す欄と、気づきを文章で残す特記事項を組み合わせて作成されたものですが、その視点が「個人」か「集団」で異なります。

表2-8は個人に照準を合わせ、1人の利用者の月間サービス記録を1枚の紙に記載する方法です。**表2-9**は集団に照準を合わせ、複数の記録を日々残していく方法です。どちらも一長一短ありますが、ユニットケアを行う際の記載としては、**表2-9**のほうに適応性があると思われます。

要件に適応する提供サービス記録を紹介しましたが、このように、日々のサービス内容の確認欄と、気づきを記載する特記事項欄を組み合わせることで、要件に合う「提供サービス記録」を作ることが可能になります。

表2－8　個人に着目したバイタルチェック表

利用者名　　　　　　　　様　　　　　　　　　　　　　年　月　日～　年　月　日

月日	曜日	血圧	体温	脈拍	排泄(尿)	排泄(便)	入浴	機能回復訓練	特記事項
1									
2									
3									
4									
5									
6									
7									
8									
9									
10									
11									
12									
13									
14									
15									
16									
17									
18									
19									
20									
21									
22									
23									
24									
25									
26									
27									
28									
29									
30									
31									

表2－9　集団に着目したバイタルチェック表

棟（　　　名）　　　　　　　　　　　　　　　　　　　年　　月　　日

	氏名	血圧	体温	脈拍	排泄(尿)	排泄(便)	入浴	機能回復訓練	特記事項
1	山田　太郎								
2	鈴木　花子								
3	佐藤　次郎								
4	山本よしこ								
5	田中　三郎								
·	·								
·	·								
·	·								

Ⅱ　記録に必要な物事のとらえ方

（6）専門用語の取り扱い

プロの仕事の証としての専門用語

　現場には、記録を残すうえでいくつかの誤解が存在します。1つ目が「記録には専門用語を用いるべきではない」というものです。これは、介護保険制度が導入され、サービス提供者側に情報の開示が義務づけられたことによるものだと思われます。

　利用者等から開示を求められた場合、介護記録は利用者の個人情報になるため、提供者側はその要求に積極的に応じなければなりません。しかしそれは、単に開示すればよいものではなく、説明責任（アカウンタビリティ）を伴うものです。専門用語を用いずに平易な文章で記載してあっても、内容の理解がなければ意味をなしません。

　仮に、専門用語を用いて、開示の際に請求者の理解に困難が生じるのであれば、解説書を添付したり請求者が納得するように説明しなければなりません。そうすることで、専門用語の使用による問題点は解決するはずです。

　さらに記録とは、サービス提供側のプロとしての仕事の証です。その業務に関する記録に専門用語がないのは不自然です。チームケアを行うにあたり、情報の共有を図らなければならない状況で、専門職としての共通言語である専門用語を用いなければ、その実行は望めないでしょう。

　そのうえ、介護サービス特有の専門用語を平易な用語で表現し直すという努力は、記録を完璧に残すことが不完全な状態では徒労といえます。現状では、まず自分たちの仕事の証を適切に残すことが先決です。記録をうまく残せない人がこの点に意識を集中させてしまうと、本来の機能（＝共有）に支障をきたすおそれがあります。

　ただし、介護業界だけで通用する略語とは区別が必要です。この件に関しては63頁で説明します。

61

敬体と常体

　説明責任（アカウンタビリティ）の観点から、専門用語の使用は計画書には該当しません。「説明責任（アカウンタビリティ）と記載時のモラル」※で説明したとおり、計画書には、利用者や家族に提供できるサービス内容を確実に理解してもらう目的があるので、利用者や家族の視点を配慮したうえで、あえて専門用語を使用しない場合もあります。

※50頁参照

　2つ目の誤解として、文体（調）の問題があります。高齢者が対象の介護サービスでは、利用者が人生の大先輩であることから、敬意を表するという意味でも、専門用語の問題と同じく、開示の際の対応を考えても、「ですます調（敬体）」を用いるべきという意見があります。

　しかし、介護サービスにおける記録は、提供者の仕事の証、あるいは責務として残すものです。また、公式の場（訴訟など）においても証拠として用いられる公式文書なので、「である調（常体）」でかまわないでしょう。

　現場が記録の記載で困惑している現状では、敬体で記載することの弊害が大きいのは、「専門用語の取り扱い」※の場合と同じです。

※61頁参照

Ⅱ　記録に必要な物事のとらえ方

（7）ルールの明文化

略語の取り扱い

　記録を残す際には、さまざまな方法を用いて効率化、省力化を図ることは重要です。皆さんの現場でも、現場から生み出された工夫を最大限活用し、できる範囲内で効率化、省力化しているでしょう。その方法は千差万別、多種多様で、一概にどの方法が最もすぐれているとは判断できません。

　しかし、その工夫を組織の知として活用するためには、個人が自分勝手に判断して用いるのではなく、記録に関する工夫を一定のルールとして明文規定し、組織内で共有しなければ効果がありません。

　その効率化、省力化の例が、略語の使用です。「専門用語の取り扱い」※で、「専門用語は、記録に積極的に用いるべきだが、業界のみで通用する略語の使用には注意が必要」と説明しました。しかしこれは、略語は記録に一切使えないと完全否定しているわけではありません。

※61頁参照

　確かに、無分別な略語の乱用は、組織内で共有できないばかりか、第三者から開示を求められた際に十分な説明責任（アカウンタビリティ）を果たすこともできません。しかしこの略語も、組織内で一定のルールを明文化し、それに基づいて活用すれば、業務の省力化、短縮化に貢献する武器になります。

　ルール化の方法も、さほど難しいことではありません。例えば、自分たちが頻繁に用いる略語を再度確認して解釈対照表を作成し、「介護記録作成時における略語一覧」といったマニュアルにして全従事者に周知徹底させます。ルールを明文化したら、職員は記録を残す際に、このルールに従わなければなりません。

　もちろん、記録は日本語で記載するものなので、略語を用いずに、丁寧かつ正確に正式名称を明記することは可能ですが、そうしてしまっては、何のために明文化してルールを作ったのかわからなくなります。組織の一員である以上、明文化されたルールに

は従う必要があります。一度皆さんの組織内で検討してみてください。

明文化と周知徹底

　さらに、ルール化の際に大切なのは、明文化と周知徹底です。組織内でルールとして定めたら、それが形として残っているか、従事者全員に情報が行き渡っているかが大切なポイントになります。

　ルール化する際に気をつけるのは、ルール（明文化）は万能ではないということです。ルール化すれば何でも略語として使えるかというと、それは違います。あくまでも常識の範囲内です。例えば、「PT＝ポータブルトイレ」といった略語は、PTがすでに「理学療法士」を指すものとして一般的であるがゆえに使えないということです。

　明文化されたマニュアルは、第三者から開示を求められた場合、記録に添えて請求者に開示しなければなりません。その際、略語の説明も不可欠です。

修正・訂正方法の明文化

　明文化のポイントとして、修正・訂正する際の方法の明文化があります。記録を残す際に、細心の注意を払っても書き間違えることがあります。その際はどのように対処すべきでしょうか。

　修正液等を利用する方法もありますが、修正液は介護記録には使えません。開示の可能性があることを考慮すると、なおさらです。サービスの提供者に不信感をもち、開示請求者が開示請求を求めた場合、開示された記録が修正液だらけであれば、開示者はどう感じるでしょう。

　ここにも適切な対処法が存在します。略語と同じ手法を用いるのです。組織内でマニュアル等の統一規則を作り（修正は、一本線を引き訂正することで修正とみなすなど）、組織内で周知徹底し、開示の際に提示・説明することです。

Ⅱ 記録に必要な物事のとらえ方

（8）訴訟で問われた記録

訴訟において記録がどのように扱われているか、2つの事例でチェックして記録の重要性を再確認してみましょう。

帰宅願望の強い利用者への対応

施設に入所していた女性（70歳、全盲、認知症状あり）が3階の居室から落下して死亡したのは、施設職員が適切な介護・看護の処置を怠ったことによるとして、内縁の夫が施設に対して慰謝料の賠償を求めた例。

【2000年（平成12年）6月7日　東京地裁判決】

このケースは、入所後1か月あまり不穏行動があり、夜間に帰宅願望を訴え、ほかの利用者とトラブルを引き起こした利用者を、ほかの使用していない居室に誘導し、巡視という遠看視のみを行い対応したことと、利用者の死の因果関係等について争われたものです。

結果的にこの利用者は、誘導後5時間あまり経過した後、自ら窓の施錠（せじょう）を外し、備品家具を足がかりにして出窓のフェンスを乗り越えて転落死しました。これが予測の「範疇（はんちゅう）」であったか否か等が争点となりました。

この点について裁判所は、利用者が入所後、常時帰宅願望が強いこと等を、当日担当の職員は「引継報告を受けてこれを承知し

ていたもの」(判旨引用)とし、頻繁に「精神的不安に陥り、妄想を抱き、精神安定剤服用を受ける」ことがあった事実が「介護・看護記録」に見受けられる事実も認めています。

にもかかわらず、当日の担当職員は、事故発生のおよそ2週間前の記録に「つきっきりでなくても大丈夫ではないかと思われる」という判断根拠が不明確な記録を残していて、「介護福祉士等その資格に相当した専門的見地からその裁量的判断を適切に行い、選択した方途を実行」(判旨引用)されていなかったと判断する一因としています。

この事案において、搬送先病院の事故発生時刻と、施設側の記録に記載のある時刻に1時間の誤差があり、時刻等が数か所訂正されている事実から「極めてあわただしく混乱した状態を経ての記載」(判旨引用)であり、記載した職員が「(事故発生の)正確な時刻を把握していたかどうか疑問を差し挟む余地を否定することができない」(判旨引用)としています。

これは、リスクマネジメントの不徹底、インシデントおよびアクシデント記録の不備であり、裁判では問題視されました。

この結果、担当職員が適切な介護を怠ったことの不法行為と利用者の死の相当因果関係を認め、施設に対し、使用者責任に基づく賠償責任として1000万円の支払いが命じられました。

参考:『賃金と社会保障』№1280、2000年8月下旬号

転倒の危険のある利用者への対応

施設に入所していた女性(95歳、要介護2)が、自室のポータブルトイレの排泄物を捨てるために汚物処理室に行った際、仕切りに足を引っかけて転倒して大腿骨頸部を骨折し、歩行困難になったのは、施設が定期のサービスを行わなかったことによるもの等として、利用者が施設に賠償を求めた例。

【2003年(平成15年)6月3日　福島地裁白河支部判決】

Ⅱ 記録に必要な物事のとらえ方

　このケースは、介護老人保健施設に入所していた利用者が、契約上定められていたポータブルトイレの清掃がなされなかったため、自分で汚物処理場に行って清掃しようとしたところ、仕切りに足を引っかけて転倒し、損害（大腿骨頸部骨折）を被ったことと、施設側の清掃義務違反との相当因果関係等について争われたものです。

　この点について裁判所は、介護マニュアルにポータブルトイレの清掃が定時に1日2回行うことやその内容についても具体的に定めてある事実や、ケアプランに「総合的な援助の方針」として「定期的に健康チェックを行い、転倒など事故に注意しながら在宅復帰へ向けてADLの維持、向上を図る」とされ、さらに「骨粗鬆症」によるリスクも謳ってある事実、さらにケアチェック表に「日中はトイレ使用しているが、夜間ポータブルトイレ使用」と記載されている事実などから、ポータブルトイレの清掃を定時に行う義務を怠ったことに対する債務不履行責任を認めました。

　施設側が主張した「（原告（利用者）のような）歩行不安定な利用者に対する日常的なポータブルトイレに関する排泄ケアの説明及び指導から、自らが排泄物容器を処理しようとする必要がなく、職員に連絡し、処理を依頼することができた」という内容も、記録等の確認を行うと、必ずしも適切に処理していたとはいえず（一定期間の確認において、約7割の実施事実しか確認できなかった）、この点からも「清掃を定時に行うべき義務に違反したことと

本件事故との相当因果関係を否定することはできない」（判旨引用）とし、施設に対して「契約上の債務不履行を負う」（判旨引用）とされました。

その結果、施設に対して約540万円の支払い命令が下され、施設における要介護高齢者の骨折事故に関する初の判例となりました。介護保険制度が契約を前提とするサービスであることに判断の根拠を求めた初めてのケースです。

参考：『賃金と社会保障』№1351・1352、2003年8月合併号、
同№1353、2003年9月上旬号）

Ⅱ 記録に必要な物事のとらえ方

（9）資質向上の証——研修記録の考え方

研修記録の機能

今まで取り上げた記録とは異なり、研修記録は運営基準の条文にその必要性が示されているわけではありません。しかし介護サービスに従事する者にとって、質の向上は避けて通れず、研修記録の重要性は、今まで取り上げた記録と遜色のないものです。その証拠に、まったく研修を行ったことがなかったり、研修の記録が残っていない事業所はないでしょう。

それでは、研修記録はきちんとしたものになっているでしょうか。研修記録は、記録として存在していても、その機能を果たしていないことがあります。

今一度、皆さんの施設（事務所）の研修記録を確認してみてください。研修記録として何が残っていますか。研修の実施日時、テーマ（講師名含む）、参加者（受講者）程度の情報が残されているのではないでしょうか。そうであれば、研修記録として機能していないおそれがあります。なぜならば、そこには大切なことが抜け落ちているからです。

例えば、外部研修に参加した場合、実施日時、テーマ（講師名含む）、参加者（受講者）程度しか明記していないと、その受講の真偽が問われた際に、本当に受講したかどうかを証明することができません。受講したことを証明するためには、研修の「内容」を明記しておく必要があります。明確な内容を記録しておかないと、研修記録としては成立しないのです。

そのためには、参加者が詳細なレポートを作成するのも1つの方法ですが、手軽に活用できるのが、配付されるレジュメです。参加者が当日メモを書き込んだレジュメを複写して、研修記録に綴じ込むことで、内容証明として記録に活かすことができます。

研修記録の工夫

外部の研修であれば、資料として書籍が配付されたり、行政担

当者の基調報告で詳細な報告書が配付されることも多いと思います。それらを内容として綴じ込む必要があるのでしょうか。

　無駄なことは極力省くのが記録の鉄則です。書籍や報告書の題名だけを示し、「どこに（誰が）保管しているのか」を明確にしておけば十分です。表紙のみ複写して所在を明記するのもよいでしょう。

　これらの方法は内部研修でも適用できます。**表２-10**をみてください。内部研修で講師を務める人は、このようなレジュメを必ず作成し、配付しておく必要があります。講師は①研修名、②実施期日（年を忘れずに）、③テーマおよび講師名（所属・役職）、④講義の簡単なポイント等を盛り込むことを忘れないようにしてください。これを研修記録に綴じ込めば完成です。

　研修記録の重要性が高まることは、介護報酬の改定にも現れているとおりです。手間をかけずにできることでもあるので、この機会に整備することをおすすめします。

表２-10　内部研修のレジュメの例

```
介護老人福祉施設「武威通荘」              09. 04. 07 …②
                     …①
４月職員研修会
                  「介護記録の書き方」
                              施設部相談支援課
                              生活相談員      …③
                              鈴木　一郎

１．「介護記録」の現状（問題点と動向）



２．当施設における「記録」上の問題点

                                          …④

３．情報共有完全化を目指すための「提案」と今後の「計画」



４．その他
```

Ⅱ 記録に必要な物事のとらえ方

(10) ツールの活用

人間関係について伝達・共有するジェノグラム

　記録を残し共有する方法は、文字に限ったものではありません。文字の代わりに活用できる便利な情報伝達・共有のツール（道具）もあります。その1つがジェノグラムです。

　ジェノグラムは、介護サービスを実践するために欠かせない情報である「利用者を取り巻く人的環境」、つまり人間関係について伝達・共有するものです。

　利用者の人的環境といってもさまざまですが、ジェノグラムは最も重要な家族関係を表す「家族構成図（世代間関係図）」を作成するために用います。利用者を取り巻く家族の情報を視覚的にとらえ、他者に伝達するのに有効です。

　高齢者を取り巻く血縁関係は複雑な場合も多く、文字で他者に伝えるのは困難を伴います。ジェノグラムを用いると、比較的簡単に共有することができます。図2-1に基本的なルール（基本）を掲載しておくので、自分で一度描いてみましょう。

　描き慣れていない人は、広めのスペースを確保して描くことをおすすめします。慣れてくると、情報を得た段階で「このぐらいの家族関係であれば、この程度の広がりで済む」という判断も可能ですが、慣れていないと、情報を整理する段階で次から次へと新しい関係がみつかり、スペースに収まらないことがあります。

　利用者と面接等を行う際に、利用者の目の前でジェノグラムを描いていくと、混乱しがちな血縁関係の情報が意外とスムーズに整理できることがあります。

メモ用紙の活用

　さらに記録は、いつでもすぐに記載できるとは限りません。業務の都合上、どうしても後でまとめて記載することもあるでしょう。施設ケアでは、記録を残すうえで担当者制を採用していることがあるかもしれません。しかしこの場合、担当者が1人の利用

者だけにかかわってばかりもいられません。

そこで活用できるツールが、メモ用紙です。単なるメモ用紙ではなく、ちょっとした工夫をすることにより、記録を記憶に残すツールとなります。携帯できる小さな手帳や、ミスコピー用紙を束ねたものでもかまいません。

そのメモ用紙をそれぞれ携帯し、サービス中に利用者について気づいたことを、その場でメモしておきます。その際、必ず1頁（もしくは1枚）に1人分を記載することが鉄則です。どんなに余白があっても、1頁（1枚）に複数の利用者の情報を書き込まないでください。後で記録を残す際にメモを担当者に渡すことで、記憶が確実に残り、記録につながるはずです。

担当制の場合は、集まった情報から、担当者が必要なものを取捨選択して記録を残していくと、モニタリングを行う際にも有用な記録ができあがるでしょう。

図2-1　ジェノグラム作成のルール

①男性を□、女性を○で表す。
②年長者および男性を左に配置する。ただし、本人が女性の場合、女性を左に配置する。
③本人は二重囲いにする（▣、◎）。
④年齢は記号の中に示す。
　　例）　男90歳＝ 90　　女85歳＝ 85
⑤生年は記号の左上、没年は右上に示す。
　　例）　1901年生まれで1991年に90歳で死亡した女性
　　　　　　　　01　　91
　　　　　　　　　　90
⑥死去は、記号に×をするか、黒く塗る（例）　90 、 85 ）。
⑦婚姻は男女間を ____（婚姻線、世帯線）で結び、子どもは婚姻線の下に、出生順に左から並べる。また、婚姻の解消は婚姻線（世帯線）に斜線（／）を入れる。
⑧介護者には、主な介護者に主、補助者に副と記す。
⑨同居者は赤、または点線にて囲む。
⑩密接な人間関係は＝＝＝＝または太線で、対立する間柄は／＼／＼で結ぶこともある。
⑪通常は、本人を中心に3世代ほどを作成するが、本人が高齢者のときには、上位は省略することが多い（ケースにより判断する）。
⑫ペットも時として記すことがある（ただし、そのペットが本人のQOL等に非常に影響を与えている場合のみ）。

※ジェノグラムにはいくつかの表記法があるので、表記法によって多少の違いがあります。

Ⅲ

記録を通した事象の考え方

本章では、よくある事例をもとに、それに伴う記録を取り上げ、どのように事象をとらえて記録すればよいのかを考えます。

1 根拠のない判断をもとに残された記録

事例の概要

「家に帰りたい」

　鈴木さん（女性）は入所間もない利用者でした。認知症があり、要介護3、障害高齢者の日常生活自立度はA1、認知症高齢者の日常生活自立度はⅢaです。入所当時から時折「家に帰りたい」と訴えがあり、施設の中を徘徊することがありました。
　そんなとき、一部の職員は、そのつど声かけ等を行い対応していましたが、なかには何もしない職員もいました。なぜなら鈴木さんはいつも、しばらく不安げな様子をみせるものの、やがて訴えを忘れたように穏やかな表情になり、何もなかったように別の行動を始

Ⅲ 記録を通した事象の考え方

BPSDが顕著な認知症の利用者

めるためです。

　ある日、朝から鈴木さんは不安げな表情を浮かべ、施設の中を歩き回っていました。気がついた職員吉田さんが「どうかしましたか」と尋ねると、いつものように「家に帰りたい」と訴えました。職員が何か言葉をかけようとすると、朝食の準備ができているのに気づいたらしく、そちらに関心を示したので、「いつもどおりだ」と安心し、ほかの業務に向かいました。

　その日の午後、職員吉田さんと、ほかの利用者をトイレに誘導中であった別の職員斉藤さんが、居室に近い非常口のドアを開けて出て行こうとする鈴木さんを発見し、事なきを得ました。

残された記録

　鈴木さんが、朝から不安げな表情で、施設内を行き来していたため、聞いてみると「家に帰りたい」と言っていた。しかし、いつもそのような発言があっても、しばらくするとほかに関心が移り、特段の対応を必要としないため、今回も特に対応の必要はないと思われた（朝食の準備に関心を示したため）。

　その日の午後、フロアにいた斉藤職員が、別の利用者をトイレに誘導し介助している際に、鈴木さんが居室横の非常口のドアを開けて出て行こうとしているのを発見した。吉田も気づき、鈴木さんに声をかけて、居室に無事誘導ができた。

　斉藤職員は、午後からずっとドアのところに鈴木さんがいることには気づいていたが、朝の出来事は知らず、特別な注意は払っていなかった。

事象のとらえ方

　この記録には、インシデントが折り重なり、何重にも潜んでいます。しかし記録者（書き手）は、そのことにまったく気づいていません（意識下にない）。このままサービスを続ければ、重篤なリスクへと発展するでしょう。

　このように、リスク（事故やトラブル）の前兆といえるヒヤリハット（＝インシデント・ケース）は、「ヒヤリハット報告書」によって報告されるものだけではなく、サービス提供者（従事者）が残す日々の記録にも存在します。そればかりか、報告書の形で表れるものよりも、日々の記録の中に多く存在し、重大なリスクへと発展するケースが多いのかもしれません。

　この記録には、リスクの誘因となりかねない2つのインシデントがあります。1つは情報の共有体制の脆弱さ、もう1つは認知症に対する認識の甘さです。

　チームで取り組む介護サービスにおいて、記録は情報の共有に欠かせません。複数の提供者の力によって1人の利用者の生活を支える施設ケアにとっては、より重要です。情報を共有するということは、サービス提供者（従事者）の質を揃えることです。誰がかかわっても同じ支援（サービス）が提供できることです。

　言い換えれば均質化ですが、この場合の質とは、介護サービスの考え方から提供の仕方まで、その利用者にかかわる過程全体を通して統一されていなければなりません。そのために記録を残し、ケアの方向性を模索・探求し、共有することを図っています。

　事例のように、認知症のBPSD（行動・心理症状）がみられる利用者については、特にこの観点が必要なことは明らかですが、記録にはまったくみられません。

　さらに、午前中に1人のサービス提供者（記録者）が、すでに利用者の異変に遭遇しています。加えて日頃から、帰宅願望からくる徘徊があることは周知の事実です。

　しかし第一遭遇者である記録者は、その情報を、チームメンバーに伝える（共有化する）努力をした痕跡が見当たりません。そればかりか、「いつもそのような発言があっても、しばらくするとほかに関心が移り、特段の対応を必要としないため、今回も特に対応の必要はないと思われた（朝食の準備に関心を示したため）」と記載し、共有を図らなかったことを正当化しようとしています。

　この記録では、その場で対応をしなかったことや情報の共有を図らなかったことの言い訳にはなり得ません。なぜならば、この記録には確証がありません。いつ誰がみても事実がわかる記録として成り立っていません。これでは、一個人の勝手な憶測にしかすぎませ

ん。プロが残した仕事の証とはなっていないのです。

　さらなる問題として、プロとしての認知症に対する認識の甘さがあります。認知症でBPSDがみられるとはどういうことでしょうか。認知症の利用者にとって、その環境や人間関係、身体状況等が、何らかの要因で不快だったり、不安だったり、不適切であったりということを、さまざまな方法を通して周囲に訴えかけている状態ではないでしょうか。

　それが、時として、認知症やBPSDに対して正しい理解をもたない人々にとっては理解不能、不可解な行動に映り、対応が行えないのだと思います。

　しかし介護のプロであれば、これらの状況は決して不可解な問題行動ではなく、自分たちのすべきサービス（支援）対象であることを十分理解できているはずです。この記録には、この理解が感じられません。

　入所間もない環境で、利用者本人の口からはっきりと「家に帰りたい」という訴えを聞きとり、記録が残された当日の朝から記録者がその声を確認しています。しかし、日頃「大丈夫だから」と放置したのでは、認識不足を指摘されても仕方ありません。

適切な記録と伝え方

　この記録において、BPSDが顕著な利用者に対して適切な介護サービスができていなかったのは事実なので、これを隠蔽したり改竄することは不可能です。

　しかし、記録はケアの方向性を探る道具（アイテム）であることを考えると、今回残された記録をもとに、次の方向性を検討する必要があります。

　今回は幸運にもリスク（事故）には発展しませんでしたが、これでよしとするのではなく、次回は事故につながるというおそれをもって対処法を考える必要があります。

　このケースのように、BPSDが顕著な利用者の支援については個々に対応が異なり、マニュアルがあるわけではありません。しかし、画一的な対応ができなくても、施設ケアにおいては、過去の経験やほかの利用者での実績の集積を参考に応用することは可能です。

　そのあたりの追求や検討を行い、さらなる質の向上を図ったかどうかが、こうした記録では必要になります。開示を求められた場合、ミスは事実として真摯に受け止め、詳らかにし、どのように改善を行い、その後の対応につなげたのかが求められます。

　そこまできちんとできてこそ、開示請求者の納得も得られ、信頼関係も深まり、無用なトラブルは避けられます。

利用してまだ日が浅い鈴木さんが、朝から不安げな表情で、施設内を行き来していたため聞いてみると、「家に帰りたい」と言っていた。<u>しかしながら、朝食の準備に関心を示し、鈴木さんがその場を離れ、訴えが中断したため、特段の対応はしなかった。</u>(1)
　その日の午後、フロアにいた斉藤職員が、別の利用者をトイレに誘導し介助している際に、鈴木さんが、居室横の非常口のドアを開け、出て行こうとしているところを発見した。それに吉田も気づき、鈴木さんに声をかけ、居室に無事誘導ができた。斉藤職員は、出て行こうとした鈴木さんが、午後からずっとドアのところにいることは気づいていたが、朝の出来事は知らず、特別な注意は払っていなかった。
　<u>今回の件を反省点とし、カンファレンスを開催し、鈴木さんに対し、"異変"（不安げに歩き回る、「家に帰りたい」と訴える等）を察知した際には、すぐにフロアスタッフ全員に周知し（スタッフルーム掲示板、または申し送り簿）、気づいたスタッフを中心に、様子観察を行い、当日は終日注意すること、また、鈴木さん本人がなるべく関心をもちそうなことを探り、参加していない行事等にも積極的に声をかけ、参加を促すことを申し合わせた。詳細はカンファレンスノートに記載。</u>(2)

（1）　記録者の根拠のない主観的意見は記載せず、ありのままの事実（客観的情報）のみを残します。特に、認知症のBPSDが顕著な利用者の場合、「いつもがこうであるので、今回もこうだ」と決めつけるような記載は、介護のプロが残す仕事の証としては通用しません。
（2）　ミスはミスとして、事実を正確に残し、今後どうするのかという対応や過程を必ず残します。特に、BPSDの対応を考える際には、すぐに解決策はみつからないこともあるでしょう。
　しかし少なくとも、かかわった当事者として客観的情報（「午前中に発生することが

多く、今回も該当する」「行事等があり、スタッフに余裕がない状況だった」等）をもとに、要因（誘因）や考えられる対処法を記載しておけば、カンファレンスの素材になります。起こったことは起こったこととして、いかに適切なケアにつなげるかが重要です。

まとめ

　BPSDが顕著な利用者への支援を行う場合、わかっていても、さまざまな要因（慣習化、多忙等）から、サービス提供者の感性が鈍化してしまうことがあります。（サービス提供中の）当事者はそれに気づかず、リスクの一歩手前となるインシデントの存在を現象としてとらえているのに、認識できていないという恐ろしい状況が発生していることがあります。それがこの記録のようなケースです。

　この事態を防ぐために「ヒヤリハット（インシデント）報告書」が存在しますが、リスク認識ができていないために報告書に結びつかないことが多いのです。

　しかし、無意識に残した記録には、明確に表出されています。そのうえ、表面化するのは、リスクが発生した後が多いのです。そうならないためにも、日頃からチームの全員が意識して記録に取り組む必要性があります。

2 個別支援の観点が欠如した記録

事例の概要

　ある特別養護老人ホームで、次のような開示請求が利用者の親族から提出されました。それは特定期日の利用者の個別記録の開示請求でした。

　開示請求対象となった木村さんは、認知症があり、発語もなく、従事者とのコミュニケーションも意思の疎通も皆無に近く、重介護を必要とする状態でした。障害高齢者の日常生活自立度はＣ２、認知症高齢者の日常生活自立度はＭレベルで、長女が月に２、３回面会に来る程度でした。

　ある日、職員が衣服の着脱介護をする際、木村さんの右手の異常に気づきました。看護

III 記録を通した事象の考え方

原因不明の骨折

師確認のうえ、病院受診となり、「右上腕骨頸部骨折」との診断が下されました。医師の所見によると、受傷後2週間ほど経過している事実も判明しました。施設内で原因を追究しましたが、究明には至りませんでした。

　そこで長女に連絡をとり、正直に事実を報告し、謝罪と今後の対応について説明を行いました。長女からは「命に別状はないとのことだし、今までも随分とお世話になり感謝している。今回も非常に誠意がみえる対応をしてもらっているし、今後も母をお願いしたいと思っているので、施設の責任を追及するつもりはない」との回答を得、保険者である市町村と認可者である都道府県に報告をし、すべて解決したように思えました。

　ところがその数日後、木村さんの親族から連絡があり、「長女が何と言ったのか知らないが、自分は納得がいかない。受傷後2週間という医師の診断があるなら、その該当日と前後数日間の木村の「個別記録」をみせてほしい」と要求されました。

　担当者は「うちは施設だから、毎日の利用者の「個別記録」は残していない」旨を説明すると、その親族から「それはおかしい。今は、施設と利用者個人が、対等な立場で契約しているのだから、施設側は、開示請求に対して個別記録を残して対応するのが筋ではないか」と猛抗議を受けてしまいました。

　施設長をはじめとして、措置の時代から施設運営に携わっていましたが、このような抗議は初めての経験で途方に暮れてしまいました。

残された記録

　施設には、木村さんの親族から求められた記録は存在しませんでした。もちろん木村さんの個別台帳（ケース記録）は整備されており、そのなかには週間サービス計画表を含む施設サービス計画書、日々のバイタルや排泄状況等のチェック表は完備されていました。また、特別な変化や生活行為とそれに基づく対応が発生した場合には、時系列で罫紙に記載する方法で対応していました。

　日々のバイタル等の記録は残されているものの、特別な記録は残されていない状態でした。木村さんに限らず、状態変化の少ない利用者すべてに該当することです。今回を契機に確認してみると、大半の利用者が日々の生活状況のわかる記録が残されていない状況でした。

事象のとらえ方

　こうした相談は、介護保険事業の施設ケアでは時折耳にする機会が多くなってきました。多くは「最近、近隣の施設でトラブルが発生し、他人事ではないので対応を考えているが、よい対応策がみつからない。近隣の施設も同じような悩みを抱えているが、これといった解決策はもっておらず、互いに対応に苦慮している」というものです。

　皆さんの施設（事業所）ではどうでしょうか。事例の施設でも状況は同じでした。しかし親族からの請求後、長女と親族、施設側で話し合いをした結果、施設側の示した誠意と真摯（しんし）な説明責任（アカウンタビリティ）の姿勢、長女の強い要望もあり、不問にすることで親族も納得してくれました。しかし親族からの要望として、再発防止策の徹底とサービスに対する説明責任（アカウンタビリティ）の完遂を求められました。

　そこで施設では急遽（きゅうきょ）委員会を組織し、専門家の助言をもとに、日々のサービス記録として表3-1の書式を採用することにしました。これは、「施設サービス計画書」の第3表「週間サービス計画表」を応用したものです。

適切な記録と伝え方

　表3-1は、事例に登場する施設が委員会で試作した書式です。これは、「週間サービス計画表」を活用した「サービス記録」です。いくつかのポイントに分けて確認してみましょう。

［ポイント1：効率性および実用性の重視］

　提供サービス記録が日々の具体的なサービス提供の記録であり、効率的、実用的であるためには、データとして記録する欄と、気づきを示す欄が必要です。本書式では、データにあたる日々の業務は、「週間サービス計画表」から転記してあります（表3-1の①）。こうすることで、提供サービスの内容と日時等が証拠として残ることになります。

［ポイント2：データの記載および修正］

　計画表から転記してデータを残しても、予定にすぎません。日々のサービスでは、サービスの変更（中止）もあります。その対応が、木曜日の入浴と就寝の記載です（表3-1の

III 記録を通した事象の考え方

表3-1 サービス記録

利用者名　　　　　　様

施設長	部長	主任	記録者 ⑤

年　月　日　～　年　月　日

	時間	月曜日	火曜日	水曜日	木曜日	金曜日	土曜日	日曜日	週単位以外のサービス
深夜	4:00								※月、水、金 透析 ・透析 5時間／日 ・送車 8:30～ （迎車日朝食はクリニック対応・透析日朝食は居室にて対応）
早朝	6:00	①起床 朝食	起床 朝食	起床 朝食	起床 朝食	起床 朝食	起床 朝食	起床 朝食	
	8:00								
午前	9:00		リハビリ		リハビリ		リハビリ		○○クリニック TEL123-4567
	10:00	人工透析 （○○クリニック）		人工透析 （○○クリニック）		人工透析 （○○クリニック）			
	11:00								
	12:00		昼食		昼食		昼食	昼食	
	13:00								※毎月第2、4日曜 囲碁ボランティア （××福祉囲碁の会）
午後	14:00	ティータイム	ティータイム 囲碁倶楽部		②入浴 清拭 ティータイム	ティータイム	入浴	ティータイム 囲碁倶楽部	
	15:00			ティータイム					
	16:00						昼食		
	17:00	夕食	夕食	夕食	夕食	夕食	夕食	夕食	
	18:00								
夜間	19:00				就寝				④インフルエンザの時期であるため、ボランティアにも訪問時の手洗い、消毒の励行を依頼。
	20:00	就寝	就寝	就寝		就寝	就寝	就寝	
	22:00	居室巡回確認	居室巡回確認	居室巡回確認	居室巡回確認	居室巡回確認	居室巡回確認	居室巡回確認	
深夜	0:00								
	2:00								
	4:00								
③特記事項		透析に向かう車中にて「少し寒い」との訴えあり。クリニックのN看護師に状況を説明。N看護師から「異常なし」の報告あり。	もリハビリに積極的に取り組む。本人曰く「ゆっくり」でもいいから、自分で歩きたいし、目的が明確である。	居室から食堂、トイレへの移動もリハビリの一環とし、歩く努力をしている。	昼食後、本人「熱っぽい」と訴える。看護師対応するも異常なし。主治医に相談の上、入浴中止、清拭に変更する。19:00には居室に戻り就寝。	起床時居室に訪診するも、床に座り込んでいるのを発見。意識は明瞭で呼びかけに応答あり。看護師の回診によると、血圧低下により、ふらつきがあり、自ら座り込んだと推測される。	「今日は体調が良い」との声が聞かれる。食欲もあり、リハビリ、入浴等問題なく実施。	今週「不調」を訴えることが多かったが、囲碁ボランティア訪問時にはいきいきとした表情が見られる。生活意欲向上の為にもボランティアの回数増加の検討の余地あり。	

②)。

　予定のサービスを修正し、実際のサービスの状況を示します。記録の訂正になるので、63頁で説明した、組織内で記録の訂正に関するルールを決め、明文化し、統一した対応をとることが必要です。修正液などを用いずに、修正前後の状況が明確に残るようにしなければなりません。

［ポイント3：気づきの記録（特記事項）］
　データの部分が処理できたら、次は気づきを示す部分です。これは、データ記載だけではカバーできない記録の更新制を示す大切な要素も含んでいます。データと気づきが揃うことで、法令遵守（コンプライアンス）に準拠した記録が成立します。
　一般的に気づきを示すのは「特記事項」の欄で、文章で記録が残されることになります（**表3-1の③**）。さらにこの気づきは、計画書の「長期目標」に準拠しているかどうかが重要です。例えば今回の場合、長期目標として以下の2点が掲げられています。
「1．現状の体力（特に歩行）を維持できるように支援する」
「2．趣味活動（囲碁）の継続ができるよう環境を整備し、生活意欲の向上に努める」
　また、木曜日のデータの修正とリンクした気づきの記載や、金曜日のプロの推測にあたる記載も確認してみてください。火曜日の「特記事項」に訂正してある記載がみられますが、ここも［ポイント2］同様、ルールに則った対応が必要です。

［ポイント4：週単位以外のサービス提供の記録］
　この様式では、毎日の記載欄以外に、週単位以外のサービス等についても記載する欄があります。この"週"の「特記事項」の欄は毎週記載する必要はありませんが、「長期目標」に沿って気づきがあれば、記録として残しておくと、モニタリングの一環として計画の見直しの際に活用することが可能です（**表3-1の④**）。

［ポイント5：記録の確認］
　最後に**表3-1の⑤**をみてください。記録の確認欄があります。ここに記録者を明記するのは当然ですが、リスクマネジメントの視点からは「現場責任者」「管理責任者」の確認欄も必要となります。主任や部長が「現場責任者」、施設長が「管理責任者」にあたります。
　本来であれば1日の記録に毎回この欄があれば理想的ですが、週単位で1枚の書式がで

III 記録を通した事象の考え方

きあがるので、効率化と簡素化を図り、週単位で主任や部長、さらには施設長が確認する形式を採用しています。

まとめ

　今回示した事例は、介護保険制度が求めている書式のポイントを網羅しています。日々の記録は、何のために残すのか。介護のプロとして適切な仕事の証を残し、自分たちの介護サービスを常に振り返り、時にはトラブルやリスクの原因や誘因を追究、排除し、介護サービスを改善さらには適正化するためです。

　さらに重要なのは、利用者と家族に対して、自分たちの介護サービスの内容を説明する責任を果たすためでもあるのです。

　介護サービスは、利用者一人ひとりとの個別契約で成り立っています。その証拠に、契約を締結すると、サービス提供者は個々の施設サービス計画書を作成し、現状の問題改善だけではなく、将来の展望を提示します。提供者側がいかに努力をし、どういう方向性をもっているかを常に示さなければならないのです。

　骨折をして現在リハビリ中で、誰の目からみても変化がわかる利用者だけに求められるのではなく、すべての利用者に対して存在する義務であり、利用者からみれば当然の権利だといえます。

　施設ケアで24時間365日介護サービスが継続するために、この視点が薄れがちな現状があります。特に、日常の生活に変化の少ない利用者はこの傾向が強いのではないでしょうか。

　日々のバイタルや生活行為に関するデータが存在するのであれば、それを改良して、職員全員が同じ視点で気づきを記載する記録の存在を考える必要があります。

3 個人情報保護の誤解による不適切な記録

事例の概要

　末期がんで余命半年といわれている高橋さんが、介護者である妻の体調不良による検査入院のため、一時的に施設を利用することになりました。家族も初めてのことで、利用する前に主治医を含めて何回かカンファレンスを実施しました。

　家族が最も心配したのが、利用者に対して病名や状況を一切話していないことです。本人の性格や現況を考えると、今事実を伝えても混乱をするだろうということが、その理由でした。仮に事実を知ると、本人は生に対する意欲をなくし、最悪の場合は自ら命を絶とうとするかもしれないということです。主治医も同じ意見で「今はQOL（Quality of Life；生活の質）の維持が一番大切で、本人が受け入れることができる時期がくれば、自分が責任をもって告知する」と約束してくれました。

III 記録を通した事象の考え方

終末期の利用者

　本人と面談した結果、施設の職員も同じ意見でした。施設を利用する間は、主治医の指示の下、穏やかな生活を送れるように最善の努力をすることを約束し、妻をはじめとして家族は安心して利用者を託すことにしました。

　利用初日、施設の職員が設備やサービスを高橋さんに説明していると、ふいに高橋さんは「私の記録は請求すれば開示してくれるということだったので、今すぐ開示してみせてほしい」と言いました。

　職員は戸惑いながら、カンファレンスでの家族や主治医の思いに配慮し、「ご希望があれば開示しますが、今は奥さまが入院中ですので、退院されてから奥さまも一緒にご覧になったほうがよいと思います」と、遠回しに拒みました。すると高橋さんは「妻が今入院中だからみせてほしいといっているんだ」と涙ながらに訴えました。

　気持ちは理解できるものの、職員はどう対応すればよいか途方に暮れてしまいました。

残された記録

　　本日、末期がんで、一時利用中の高橋さんから、記録の情報開示を求められた。高橋さんは、介護者である妻が体調不良のため、検査入院する間の利用である。高橋さんと妻は在宅での生活を希望しており、介護者である妻の退院後は、再び家庭へ復帰する予定である。
　　そのようなこともあり、介護者の健康の回復、維持を図り、今後の在宅生活継続に向けての利用となった。その際、妻をはじめとする家族や主治医の意見として、高橋さん本人が、自分の病状や余命について知らされておらず、現状で告知しても、高橋さんの生きる意欲を奪い、QOLを落としかねないので、施設でもそれに基づく対応を求められた。
　　当施設でも、高橋さん本人との面接、妻や主治医とのカンファレンスを通じて同じように判断したため、職員にもその旨を周知徹底していた。そのため、今回の高橋さんからの要求は、「介護者（妻）入院」を理由に全面的に却下することとした。

事象のとらえ方

　この事例は過剰反応というものです。個人情報の保護に関する法律（以下、「個人情報保護法」）の規定違反を懸念するあまり、適切な個人情報の開示も行われず、本来の業務に支障をきたしています。

　大規模な事故の発生時、被害者家族の安否確認を一部搬送先医療機関が拒否した事件や国勢調査の回答拒否、さらに介護サービスに関するものでは、十分な情報提供がされないために民生委員の活動に支障が出ているなども同様です。国もこれらを重視し、2008年（平成20年）3月、内閣府が「個人情報保護に関するいわゆる『過剰反応』への対応に係る調査報告書」を出して注意を呼びかけています。

　さらに本事例は、個人情報保護法の誤解をしています。介護サービスで用いる記録等の個人情報は、個人情報保護法第2条第5項規定の「保有個人データ」に該当しますが、この保有個人データには同法第25条の規定が適用されます。

　権利侵害の可能性がある場合、その部分を非開示または一部非開示にできます。その際、適切な開示をどうとらえるかということが問題ですが、判断する根拠となる法令はこの条文です（25頁、**表2-1**（26頁）参照）。

　判断を下すためには、十分かつ慎重な検討が必要です。ガイドライン[※1]には、同法第25条に基づく非開示の例として、ほかにも「家族等から利用者の同意を得ずに情報を得、それを開示すると情報提供者と利用者の関係が悪化するおそれがある場合」と明示してあります。

　さらに同一組織内での情報提供は、法が禁止する第三者に対する提供にはあたらず、同一組織内のカンファレンス等で提供することは可能です。しかしこれも、契約時、使用目的にきちんと記載して表明する必要があります。

適切な記録と伝え方

　その内容が利用者のQOLに悪影響を及ぼし、利用者の権利侵害を惹起することが予測されても、利用者に関する記録そのものを非開示とすることはできません。

　記録は利用者の個人情報なのに、「『介護者入院』を理由に」利用者自らが示した開示請求を「全面的に却下」というのは、不当な権利侵害といわれても仕方ないのかもしれません。

III 記録を通した事象の考え方

　この場合、開示すると利用者の権利利益を害するおそれがあると判断し、一部を非開示とし、病名や予後についてはマスキング（伏せ字）して開示するのが適切な対処法と思われます。

　この方法で開示すると利用者は納得せず、マスキング（伏せ字）をかけてあるところは好ましい情報ではないと思うでしょう。しかし、介護サービス従事者にこの情報開示の妥当性の判断に関する権限はないと考えられます。

　職員個人がこの判断をするのは避けたほうがよいでしょう。リスクマネジメント委員会などで協議・検討したうえで決断し、組織の総意として示す必要があります。

　本日、末期がんで一時利用中の高橋さんから、記録の情報開示を求められた。高橋さんは、介護者である妻が体調不良のため、検査入院する間の利用である。高橋さん本人も妻も在宅での生活を強く希望しており、介護者（妻）の退院後は家庭へ復帰する予定である。

　そのようなこともあり、介護者の健康の回復、維持を図り、今後の在宅生活継続に向けての利用となった。その際、妻をはじめとする家族や主治医の意見としては、高橋さん本人が、自分の病状や余命について知らされておらず、現状で告知しても、高橋さんの生きる意欲を奪い、QOLを落としかねないというものである。当施設でも、それに基づく対応を求められた。

　高橋さん本人との面接、妻や主治医とのカンファレンスを通じ、施設側も同様に判断したため、従事者にもその旨の周知徹底を行っていた。しかし、本人からの直接の開示請求が行われたため、急遽（きゅうきょ）、施設長、事務長、看護介護部長、各フロアリーダーと主任、担当者、当施設主治医が参加し委員会を組織し、協議・検討を行った（詳細は会議録参照）。

　その結果、個人情報保護法第25条規定に該当すると判断し、病状や余命等に関する記載に関してはマスキングを施して開示することに決定した。決定結果について、利用者の主治医および妻に生活相談員が報告し、同日、同意を得た。(1)

（1）　全面非開示ではなく、一部非開示とし、その結論に至るまでの経過を詳細に残す必要があります。特に、その判断が個人ではなく、施設における組織としての総意であることを明確にします。

まとめ

　介護サービスを行うためには、個人情報を取り扱わなくてはなりません。取り扱う個人情報には通常、他人に開示することのないプライバシーも含まれます。サービス提供者は、個人情報の取り扱いに関して、慎重かつ丁寧に、適切に対処しなければなりません。

　これは介護サービスに携わる者だけに求められる職業倫理ではなく、対人援助を業とするすべての専門職に求められる法則です。ひと昔前は、援助の名を借りた指導が行われると、この法則も忘れ去られる事実が存在しました。人権を踏みにじられた人々は「助けてもらっているから」と耐え忍び、世間の人々も当たり前のこととして受け入れていた経緯がありました。

　個人情報保護法ができたことで、個人情報に関する認識が高まり、介護職をはじめとするさまざまな対人援助の専門職は、今まで以上に留意するようになりました。しかし、法律が広範囲を対象としており、漠然としたところがあるため、施行以来混乱が起こり、過剰反応を引き起こしていました。

　個人情報を取り扱う者として、守秘義務のなかには適切な開示が含まれることを心に刻んでおきましょう。

※1　「医療・介護関係事業者における個人情報の適切な取扱いのためのガイドライン」（平成16年12月24日）

III 記録を通した事象の考え方

死亡したら個人情報じゃない!?

　個人情報の保護に関する法律（個人情報保護法）には、個人情報とは生存する個人に関する情報であって、特定の個人を識別することができる情報であると規定されています。氏名、生年月日、勤務先および役職等がこれに該当します。皆さんもよく理解し、日々のサービスで気をつけていることでしょう。

　今一度、同法の規定を確認してください。個人情報は「生存する個人」のものとされています。つまり、現在生きている人の情報しか「個人情報」に該当しないのです。ということは、仮に利用者が死亡したら、サービス提供者として、または事業者として特別の配慮や対応は必要ないということでしょうか。

　ここには注意すべき点が含まれています。例えば、森太郎さんという認知症の利用者の「森太郎さんは認知症である」という情報は、森太郎さんの個人情報です。それでは、この森太郎さんが亡くなった場合はどうなるのでしょう。

　森太郎さんは「生存する個人」ではなくなりました。それでは「森太郎さんは認知症である」という情報は、法律の影響を受けないのでしょうか。

　そうではありません。森太郎さんが亡くなっても、森太郎さんの子どもである森花子さんが存在していれば「森太郎さんは認知症である」という森太郎さんの情報が「森花子さんは、認知症であった森太郎さんという父親がいた」という、生存している森花子さんの個人情報と変わることが予測されます。つまり、利用者が亡くなっても、その情報は家族の個人情報として受け継がれていく可能性が高いことを考えると、利用者の死亡後もそれまでどおりの管理が必要であるようです。

　各事業の運営基準にも、「完結の日（その利用者について最後に介護報酬が発生するサービスを行った日）から2年間」の保存義務が規定されているので、少なくともその間は適切な管理を行うようにしましょう。

4 記録者が確認していない不明確な記録

事例の概要

　介護職が夜勤で巡回を行った際、加藤さんが居室の床でうつ伏せになっているところを発見しました。加藤さんは腰痛と下肢筋力の低下が著しく、歩行や立位が不安定です。移動の際には車いすを使用しており、移乗には見守りが必要な状態でした。
　介護職が加藤さんに駆け寄り声をかけると反応があり、外傷を確認したところ、特に異常はみられませんでした。念のため看護師に連絡し、看護師が到着後、改めてバイタルサインや外傷等、その後の状態を確認しましたが、特別な変化はみられませんでした。

Ⅲ　記録を通した事象の考え方

転倒・骨折

　看護師は主治医と施設長に連絡をとった後、双方の指示もあり、しばらく安静を保ち様子をみることにしました。介護職にもその旨を伝え、その場を離れることにしました。居室を離れる際、車いすが居室の隅の壁際にあったのが気になりましたが、介護職がベッドの脇に移動させようとしていたので、特に気にしませんでした。

残された記録

> 　田中（介護職）が夜間に居室を巡回中、加藤さんがベッドの横の床に転倒しているところを発見した。特に外傷はなく意識もあったが、すぐに高田看護師に連絡し、高田看護師も同様に確認を行う。しかしながら、特別異常はみられなかった。
> 　高田看護師から、佐藤施設長と鈴木主治医に連絡後、指示もあり、ベッドへ移し、安静にして様子をみることにし、バイタルサイン等その後の状態確認を行った。朝まで特段の変化や訴えもなく、加藤さん本人も、その後、良眠状態で異常もみられなかったため、日勤者に事の顛末の報告のみを行った。

事象のとらえ方

　22頁で、根拠が明白でない記録の一例として伝聞推量を取り上げました。根拠が明白ではない記録は、読み手（情報受信者）にとって事実かどうかわからない記録といえます。つまり、記録を残す際に最も重要なことは、根拠が明白な事実を残していくことです。

　しかし、介護記録を書くのは、プロである介護職です。書き手（情報発信者）が自分の目で事実をみていなくても、後の発生現場の状況等から、専門職としての知識や経験、時には直感を用いて事実を探ることは可能です。これはプロの技能があって初めてなせる手法です。ここでは「プロの推測」と呼ぶことにします。これは介護記録を残すうえで欠かせない手法ですが、実際にはうまく使いこなせていないようです。典型的な例が「転倒」という表現です。

　皆さんの施設の記録を確認してみてください。転倒という2文字が頻繁に登場しませんか。事例のように、夜勤で巡回を行った際に、利用者がベッドの上ではなく、居室の床の上にうつ伏せになっているところを発見したとします。

皆さんは記録に何と書きますか。おそらく「夜間巡回中、利用者が転倒しているのを発見した」と記載するのではないでしょうか。

しかし、記録は「根拠が明白な『事実』を残す」のが大前提です。この記録は、根拠が明白な事実といえるでしょうか。書き手は転倒の瞬間を自分の目で確認していません。定時の巡回の際に利用者の居室を確認すると、利用者が床の上に存在していたという事実を確認したにすぎません。この状況で転倒と記録するのは少し無理があります。

不確かな記録を残し続けることによって、信頼を失い、ありもしない事故と取り扱われる可能性があります。根拠がないことは記録として残せないのです。しかしながら、プロであれば、その瞬間は目撃していなくても、現場に残された証拠を根拠として推測することはできます。それをどう残すかが重要です。

「ベッドのサイドレールが外れていた」「隣室の利用者がかすかな悲鳴と物音を聞いていた」という状況証拠から、自力でベッドから移乗しようとして失敗したのではないだろうかと思い描くことができます。このように、推測の根拠となる状況証拠を含めて記録することが必要になるのです。

根拠が曖昧(あいまい)な記録は危険ですが、プロの残す記録にはこの推測が必要です。

適切な記録と伝え方

記録には、不確定、不確実なことを根拠にした不明瞭なものは残せません。しかし、介護サービスにおける介護記録は、介護のエキスパートが仕事の証として残すものです。

そうであれば、プロだからこそなし得るテクニック(技術)やスキル(技能)が介入します。そのテクニックやスキルが介入するからこそ、直接その現場をみていなくても、状況証拠や物的証拠から、現場を思い描くことが可能になります。

それは、単なる想像や妄想ではなく、客観的情報に基づいた、現状の問題点の改善や打破に結びつく提案であり、次のケアにつなげるための対処法でなくてはなりません。

そのためには、チームの成員のみならず、(家族を含む)外部の第三者が納得できる説明責任(アカウンタビリティ)の視点がなければなりません。事例の記録について、この視点を活かしてプロの推測を用いて、修正してみましょう。

田中（介護職）が夜間に居室を巡回中、加藤さんがベッドの横の床に寝ている（腹臥位）のを発見した。(1)
　特に外傷はなく意識もあったが、すぐに高田看護師に連絡し、高田看護師も同様に確認を行う。しかしながら、特別異常はみられなかった。高田看護師から、佐藤施設長および鈴木主治医に連絡後、その指示もあり、ベッドへ移し、安静にして様子をみることにし、バイタルサイン等その後の状態確認を行った。朝まで特段の変化や訴えもなく、加藤さん本人も、その後、良眠状態で異常もみられなかったが、就寝時、通常、ベッドサイドに設置してある車いすが、壁際に放置されていたことから考察すると、(2)自力でベッドから車いすに移乗しようとして失敗し、転倒したと推測される。(3)
　このことも含め、日勤者にことの顛末の報告を行い、引き継いだ。

（1）　転倒を目撃したのではなく、巡回中、床の上にうつ伏せ状態の利用者を発見したにすぎません。この時点で転倒と記録するのは早計です。この段階では、事実をありのままに記録します。
（2）　（3）の「推測される」というプロの推測のテクニックを活かし、確実なものとするためにも、客観的情報に基づく根拠を示す必要があります。誰がみても疑いようのない事実に基づくものであって、記録者の単なる思い込みや想像であってはなりません。
（3）　転倒という表現は、事実を記録者が確認（視認）できていないため、記載しませんでした。しかし、客観的情報に基づく根拠が明示され、転倒が起こったであろうことが予測できたのであれば、その事実を推測として記録します。

　今回はけがもなく無事に済みましたが、加藤さんに再度同じようなリスクが発生する危険は改善できていません。ですから、今回プロとして推測できたことを足がかりに、リスク回避の方策を考え、適切なケアにつなげる必要があります。

まとめ

　介護記録に安易に転倒と記載を続けると、骨折や打撲など、利用者の生命に重篤（じゅうとく）な影響を及ぼす事故（リスク）が発生した際に、家族や第三者に対して説明のつかない事態になることが予測されます。密室[※2]で起こった事故の原因と経過を確認するために、介護記録の開示を請求し、ことの詳細・顚末（てんまつ）を確認しようとするかもしれません。

　そこで、現状をみていない第三者が、事故の発生する前に転倒という文字を何度も目にしたら、どう考えるでしょうか。

　これだけ転倒という事故（リスク）が発生しているのに、サービス提供者（施設や事業所）は、生命にかかわるような、著しく日常生活を阻害する状況に陥った今回の事故が発生するまで、何の対策や対応もせずにいたのかと、疑問や不信感を抱くかもしれません。

　介護記録に「転倒」と記載した瞬間に、時と場合によっては事故報告扱いになる可能性があります。訴訟においても、このあたりを追及し、施設や事業者、職員の責任を認めたケースがみられます。

　しかし「転倒」という言葉を介護記録で使ってはいけないということではありません。記録はあくまでも事実を記載し、その過程で発生したリスク（特にインシデント）については、確認できた事実から専門職としての推測を用いて、打開・防止策を考えることが重要です。

　今回修正した記録も、日々のケース記録としては問題ありませんが、修正された記載のなかで転倒に関する問題提起がなされたので、あとは職員参加の下、打開・対応策を協議・検討し、経過と結果をカンファレンス記録として残しておかなければなりません。

※2　特に施設ケアの場合、外部の目が常時介入することが難しく、事故が発生すると「密室」ととられやすい傾向があります。

5 不十分な内容でケアの必然性が疑われた記録

事例の概要

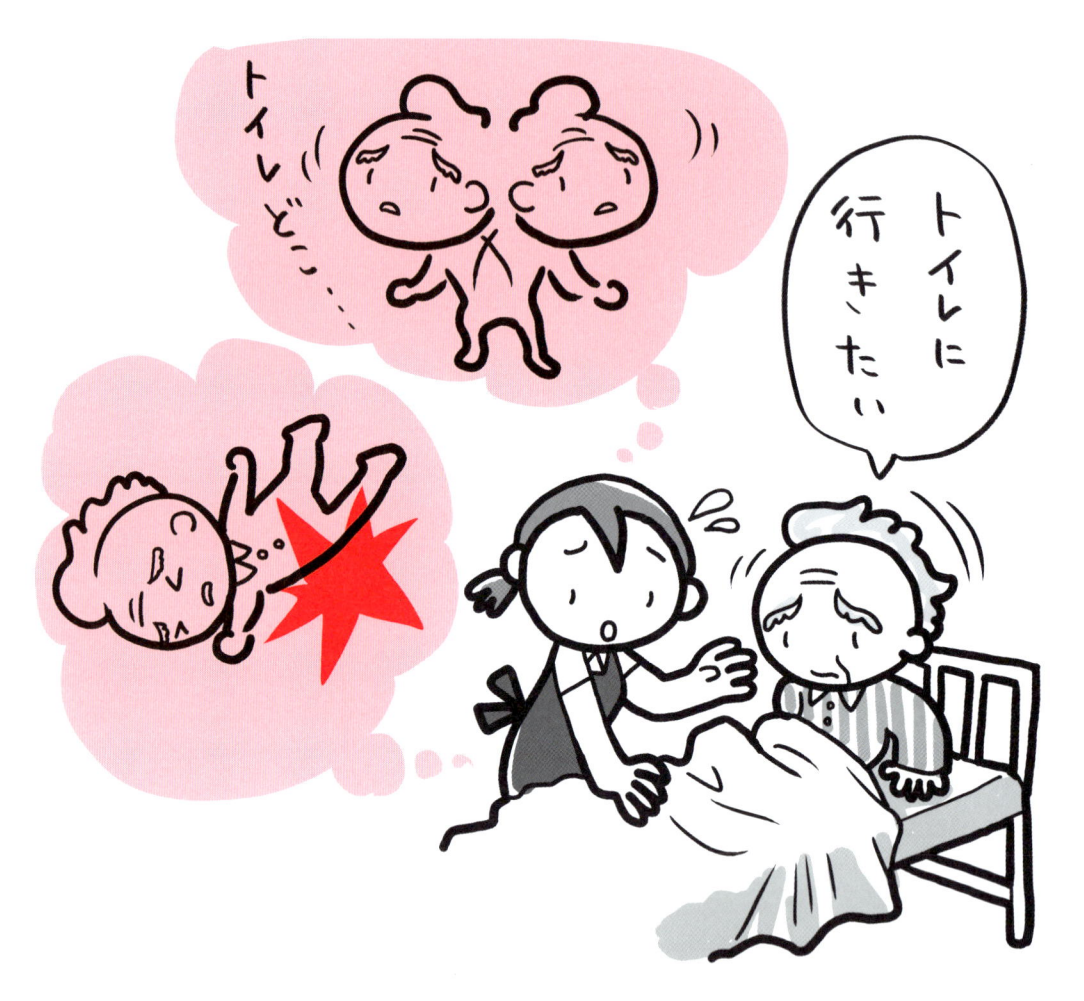

　ある夜、夜勤で巡回していた介護職が、松本さん（要介護5、障害高齢者の日常生活自立度C1、認知症高齢者の日常生活自立度Ⅱb）の下半身がベッドから落ちて、動けなくなっているところを発見しました。急いで駆け寄ると、松本さんは「トイレに行こうとした」と説明しました。

　松本さんには右半身まひがあり歩行が不安定で、骨折の危険性が高いのですが、本人にはその認識がありません。さらに、認知症による場所の見当識障害があり、トイレの場所

Ⅲ 記録を通した事象の考え方

身体拘束

がわからず、結果的に失禁してしまう状態でした。

　この傾向は夜に多く、在宅時は家族も苦労したようです。この傾向が本人の安眠を妨げる原因となって昼夜逆転の症状があり、家族はその苦労を訴えていました。

　そこで施設では、夜の安眠確保と転倒のリスクを緩和するため、夜間だけおむつを使用し、定期的に夜勤者が状態を確認することになっていました。

　介護職は排泄の状況を確認し、適切な処置を行い、松本さんには夜1人でトイレに行くことは危険で、そのためおむつを使用していることを説明し、何かあったらコールを押すように念を押し、安心して眠るように話しました。そのうえで、身体の位置をまひ側であるベッドの右側に寄せ（右側は壁に密着）、左側にサイドレールを設置し、安全を確保しました。

　その後、松本さんの計画書を確認すると、長期目標には「QOLの向上」と書いてありました。

残された記録

> 　夜勤の巡回中に、松本さんの下半身がベッドから落ちていることを発見した。松本さんに聞いてみると、「トイレに行こうとした」と言っていた。対応として、松本さんの身体状況からはトイレでの排泄は無理なことを説明し、身体の位置をベッドの右側（まひ側）に寄せておいた。
> 　安全の確保の観点から、ベッドの左側にはサイドレールを設置し、再度の転落を防ぐことに配慮しておいた。

事象のとらえ方

　事例と記録からみえるのは、身体拘束に対する認識の甘さです。この記録の記録者だけの甘さであれば、該当の介護職への再教育・指導で済みますが、この記録に対して誰も違和感を覚えないのであれば、組織全体の問題といえます。組織に身体拘束を考える土壌や雰囲気がないのかもしれません。早急に改善策を検討する必要があります。委員会制度の立ち上げや指針の策定を行わなければなりません。

　身体拘束への取り組みは、2001年（平成13年）3月に「身体拘束ゼロへの手引き」[※3]が出されて以来、施設や事業所で取り組まれていることでしょう。しかし、事例のような現実が、現在でも存在しています。

　今一度、身体拘束について記録を見直すことをはじめ、取り組みにおける適正化と完全撤廃を図る時期にきているのかもしれません。

　認識や知識はあるものの、不十分だったり、表面上だけの理解であるなど、身体拘束が人間としての尊厳を冒す行為だという意識の醸成が、現場では遅れている現状はないのでしょうか。身体拘束廃止を進めるためには、利用者一人ひとりにその人らしい生活を提供することを第一義に、憲法第13条に根幹をなす「幸福追求」を行うことが喫緊の課題であるといえます。

適切な記録と伝え方

　事例のように、身体拘束について、一部は考えてケアが行われているものの、安全確保を理由に平然と身体拘束が行われ、拘束を行った介護職は、身体拘束という認識をもたずに記録として残している悪循環があります。これは、身体拘束に対する甘さや無知が根底にあり、改善や強化を図る必要があります。

　右半身にまひがあり、歩行が不安定で、骨折のリスクが高く、見当識障害がある利用者に対し、以前であれば安易に対処方法として考えられたドラッグロック（薬による拘束）は行われず、ケアの方法（夜間のおむつ使用）で対応しようとしています。

　さらに、下半身がベッドから落ち、動けなくなっている松本さんに理由を尋ね、トイレに1人で行けない理由やその対応について説明をしており、命令口調や強い言葉・叱責によるスピーチロック（言葉による拘束）も行われていません。

Ⅲ 記録を通した事象の考え方

　反面、ドラッグロックやスピーチロックと並んで「魔の3ロック」と称されるフィジカルロック（身体的拘束。行動制限を含む）が行われています。それが「ベッドの左側にはサイドレールを設置し」という行為です。右側は壁で制限され、左側をサイドレールで制限すれば、四方を柵で囲むことと同じです。これはフィジカルロックにほかなりません。

　記録者は、多少は身体拘束について感覚をもち合わせているようですが、こうした行為が拘束にあたるとは思っていません。そればかりか、安全確保を理由に、この対処法が適切と思っているようです。

　仮に、安全確保のため緊急やむを得ない場合（ケアの工夫のみでは十分に対処できない「一時的に発生する突発事態」）であれば、身体拘束の3要件（切迫性、非代替性、一時性）を満たしておく必要がありますが、それも記録にはみられません。

　さらに、サイドレールを設置する行為の判断が、記録者個人によるものなのか、組織による申し合わせ（共通認識）によるものなのかも明確ではありません。

　それではこの記録を、先に挙げた問題点に留意しながら、修正・加筆を行ってみましょう。

　夜勤の巡回中に、松本さんの下半身がベッドから落ちていることを発見した。松本さんに聞いてみると、「トイレに行こうとした」と言っていた。対応として、松本さんの身体状況からはトイレでの排泄は<u>転倒骨折の危険性があり、排泄についてはおむつを使用しているので安心するように説明し、</u>(1) また、身体の位置をベッド右側（まひ側）に寄せておいた。<u>マニュアルに基づき、</u>(2) 安全の確保の観点から、ベッド左側に、<u>一時的に</u>(3) サイドレールを設置し、再度の転落を防ぐことに配慮しておいた。
　施設サービス計画書の長期目標に「QOLの向上」とされており、松本さん本人の「自立排泄」の要望もみられるため、<u>再度カンファレンスを開催し、夜間時の対応法を協議する必要がある。</u>(4)

（1）　このように、どのように無理なのか、具体的に説明した内容を記載したほうが、利

用者に対する説明責任（アカウンタビリティ）を果たしていたかどうかを明確にすることができ、後で適切なケアを行っていたかどうかの確認ができます。
（2）「ベッドの左側にサイドレールを設置」する行為が、個人的な判断に基づくのではなく、組織内で決められた規則によるものであることが明確でなくてはなりません。規則は、トップを含めた組織の合意として形成されたもので、「緊急やむを得ない場合」の事例を挙げ、現場で的確な判断が行えることが望ましいといえます。
（3）緊急やむを得ない場合であれば、3要件を満たす必要があります。今回の事例では、「左側にサイドレールを設置」した時点で、身体拘束に該当する可能性が高いため、利用者の安全確保の目的で行ったとしても、今後も同じ方法で対処するのではなく、緊急処置として一時的に行うことを、サービス提供者は記録のなかで認識しておく必要があるでしょう。
（4）（3）で説明したとおり、今回の対応は身体拘束であり、緊急やむを得ない場合であっても、一時的な行為であり、適切な方法を考えなければなりません。そのため介護職には、身体拘束を行った場合には態様と時間、利用者の心身状況、緊急やむを得なかった理由を記録する義務があります。

今回の事例では、身体拘束に関する経過観察記録を残さなければなりません。それをもとに、委員会等で適切なケアを検討する必要があります。

利用者や家族に対しても、身体拘束に関する説明書を作成し、状況を報告し、内容を説明する義務があります。この際、ケアの前提となっている施設サービス計画書の内容も再度確認し、現在のケアと矛盾がないか確認することも大切な作業です。

まとめ

皆さんは「情報提供義務」という言葉をご存知でしょうか。意味は想像できても、詳しく知らない人も多いでしょう。事例にある「残された（実際の）記録」にも、情報提供義務に対するリスクが潜んでいる可能性がありました。

そもそも、情報提供義務とは何でしょうか。この言葉は、2007年（平成19年）11月7日、大阪地裁で出された「損害賠償等請求事件」の判決において取りざたされたものです。

この訴訟は、グループホームで夜間ベッドから転落して左大腿骨転子部を骨折したことに対する損害賠償請求です。その判決において、司法が事業所に求めた責任が「情報提供

Ⅲ 記録を通した事象の考え方

義務」です。骨折をした利用者には、事故が発生するまでに2度ベッドから転落し、2度転落しそうになったという事実が存在します。

　裁判ではその際、事業所が家族に対して十分な連絡をとる努力を怠り、協議する機会をもたず、リスク（骨折事故など）に対する対応をしなかったことが、情報提供義務違反につながったとされました。

　事業所側は「対応は適切に行った。その一環として、朝夕2回カンファレンスを実施している」と主張しましたが、裁判所は「カンファレンスを何度開催しても、（リスクに対する）有効かつ抜本的な対策が施されてなければ、義務を果たしたとはいえない」と、事業所側の主張を却下しました。

　今回の事例についても、「残された（実際の）記録」にはリスクが含まれていました。

　「適切な記録と伝え方」で示した修正・加筆された記録についても、家族に情報提供を行ったかどうかが確認できないため、法令で求められている、説明書による適切な情報提供と同意を形として残すことが必要です。こうすることでリスクマネジメントにも直結し、無用なトラブルを回避することになります。

※3　身体拘束のないケアの実現を支援するため、現場の介護職に向けた冊子。

❻ 主観的に記載され、確証のない記録

事例の概要

　清水さん（要介護5）は1日の大半をベッドで過ごし、全介助です。認知症は重度で、発語はほとんどなく、コミュニケーションも不可能な状態です。身体状況は、全身のまひと拘縮が激しく、骨折の危険性も高い状態です。

　入浴に関して「施設サービス計画書」には、安全確保のために2人体制で行うことが書かれています。

　しかし清水さんは、新人や慣れていない介護職が入浴を担当すると、噛みついたり、い

III 記録を通した事象の考え方

入浴

くぶん自由が利く右手で引っかいたりなど大騒ぎの状況です。責任者やサブリーダーが対応できれば担当を代わることもありますが、状況によっては入浴を中止せざるを得ないこともありました。

　その日も担当者が手に負えず、責任者らが対応することも不可能だったため、入浴を中止することになりました。

残された記録

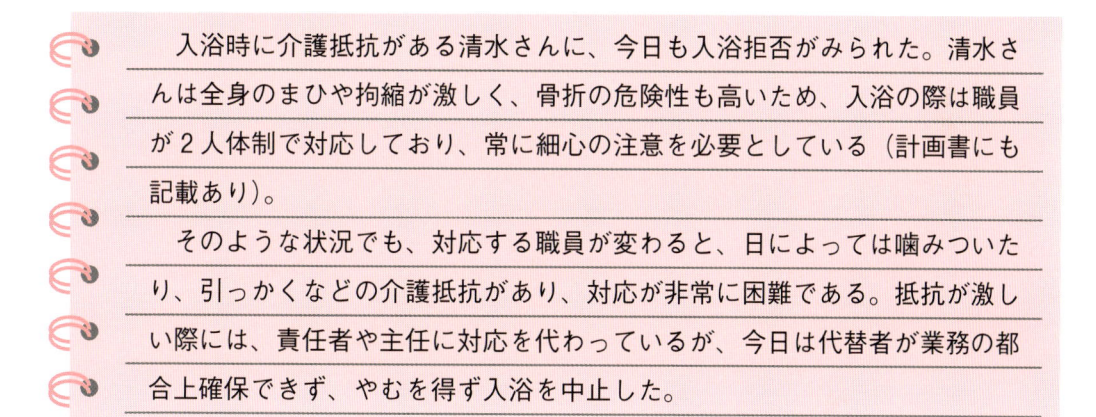

　　入浴時に介護抵抗がある清水さんに、今日も入浴拒否がみられた。清水さんは全身のまひや拘縮が激しく、骨折の危険性も高いため、入浴の際は職員が2人体制で対応しており、常に細心の注意を必要としている（計画書にも記載あり）。
　　そのような状況でも、対応する職員が変わると、日によっては噛みついたり、引っかくなどの介護抵抗があり、対応が非常に困難である。抵抗が激しい際には、責任者や主任に対応を代わっているが、今日は代替者が業務の都合上確保できず、やむを得ず入浴を中止した。

事象のとらえ方

　この記録は、全体的に記録者の主観に基づいて書かれています。
　「全身のまひや拘縮が激しく、骨折の危険性も高いため、入浴の際は職員が2人体制で対応しており、常に細心の注意を必要としている」と、手厚いケアを実施しているのに利用者は「入浴拒否」という「介護抵抗」を行う。これは職員の責任ではなく本人に起因する問題で、対応の仕様がないといわんばかりの表現になっているとは感じられないでしょうか。
　もちろん、記録者にそのような思いはなく、逆に何とか入浴介助を試みようとしていますが、うまくいかなくて苦悩している状況における記録かもしれません。しかし、入浴が実施されていないことを家族や第三者が知り、記録の開示を請求してこの記録を目にしたら、どうとらえるでしょうか。
　「介護記録は介護の仕事の証です」と説明を受け、内容を確認すると、入浴という生活行為すら満足に提供されず、利用者側に責任があるように記載されている状況に納得できるでしょうか。開示請求者に「何のための専門職への委託なのか」「何のための利用料負担なのか」という疑問や不信が生まれても不思議ではありません。
　認知症の高齢者に対する家庭介護には限界があることが考えられます。それは、家族が認知症に対する正しい知識や情報をもっていなかったり、肉親に対する目の前の現実を受け入れることができないためです。さらに家庭介護者の多くが、認知症に対するケアは初めての体験であり、戸惑いやおそれ、不安などの心理的圧迫にさいなまれる日々が続きます。
　しかし、家庭介護には代替者はいません。その環境を経ての介護のプロに対するSOSが、介護サービスの利用なのです。
　思い悩んだ末のプロへの委託なのに、受託したプロが自分たちと同じ状態であれば、その失望感はどのようなものでしょうか。専門職の集団には、家族が持ち得ない知識と情報、経験、組織力があるはずです。それらを最大限に活かし、生活行為に欠かせない入浴については、その人らしさを追求し、利用者自身が納得できる方法で提供する責務があるのではないでしょうか。

Ⅲ 記録を通した事象の考え方

適切な記録と伝え方

　この記録で避けてほしいのは、「介護抵抗」や「入浴拒否」という表現です。

　組織のどの職員がかかわっても拒否や抵抗がみられるのであれば、この表現もあり得ますが、事例では慣れていない職員や新人が介助するときにみられるとのことですから、利用者の問題ではなく、サービス提供者のスキルの問題といえます。このあたりに事例の問題点が見え隠れしているので、記録でも探る必要があるでしょう。

　本日、全身のまひや拘縮が激しく、骨折の危険性が高い清水さんについて、噛みついたり引っかいたりなどの暴力行為がみられるため、やむを得ず入浴を中止とする。(1)

　清水さんには日頃から職員2人体制で対応しており、細心の注意を必要としている（計画書にも記載あり）が、対応する職員が変わると、日によっては対応が非常に困難な場合がある。そのような際には、責任者や主任に対応を代わっているが、今日は業務の都合上代替者が確保できず、中止となった。

　対応者が変わると不穏な状態がみられ、慣れていない職員のときに起こり得る確率が高いため、トラブルが少ない責任者や主任の対応を参考に、全職員を対象に入浴介助の手順を検討することとなった。本日は、入浴時間終了後、主任が清拭にて保清を実施した。(2)

（1）　このように、入浴が中止になった事実だけを記載します。誰がみても間違いのない客観的情報です。介護抵抗や入浴拒否という記載は、記録者の思いに基づいた主観的情報といえます。また、暴力行為という表現は、「噛みついたり、引っかいたり」という行為があるので、客観的情報ととらえることができます。

（2）　問題は利用者ではなく、職員にあるようです。人が変わると様子が変化するのは、認知症等でコミュニケーションや意思疎通に困難を伴う利用者に時折みられることで

す。言葉で自分の思いを伝えるのが困難である以上、何らかの形で自分の意思伝達を試みようとしている証です。

介護職は代弁者としてこの状況に気づき、利用者の思いを受け止める必要があります。事例では、骨折のリスクにだけ焦点が当てられ、2人体制という対応しかなされませんでした。利用者からすれば、人を増やすことよりも対応方法を考えてほしい状況だと思われます。その思いに気づいて軌道修正を行うのも、記録の大切な機能の1つです。

今回は、入浴という保清行為ができませんでしたが、清潔にするという基本的なケアの実践は大切です。可能な限り代替行為を行い、状況を記録することを忘れないようにしましょう。

まとめ

介護サービスを提供する際に、常にサービス提供者が留意しなければならないこととして、5つの基本的ケアの徹底があります。これは①起きる、②食べる、③排泄する、④清潔にする、⑤活動する（アクティビティ）の5つです。

この5つは、いずれかが損なわれても快適な生活の実現が難しく、だからこそ介護職は、これらの実現と提供、支援に全精力を注いでいます。利用者や家族も、これらに支障が出て初めて、生活に不自由を感じ、相談や支援の要請につながります。

なかには不自由さを感じつつも、それを表明しなかったり、できなかったり、できる環境にいなかったりなど、本来受けるべき支援を受けられずに不自由さを強いられている可能性もあるのです。それは支援の手が介入している状況であっても、介護職が気づかなかったり、受け止めることができていなければ同じです。

さらに、介護職が細心の注意を払っておかないと、見逃してしまうおそれがあり、感じとっても、その目には常道から外れた利用者の異質な行動と映る可能性が大きいかもしれません。

この過ちを犯さないためにも、介護職は日頃から利用者や家族の声なき声に耳を傾け、傾聴の姿勢を堅持し続けなければなりません。

III 記録を通した事象の考え方

"ゆるキャラ"はかわいくない!?

　今、日本各地で、マスコットキャラクターのご当地キャラ、「ゆるキャラ」が流行っていますが、皆さんは、この「ゆるキャラ」、どう感じますか。かわいいと思いますか、子どもの支持を集めていると思いますか。地元の人々が知恵を絞り、名産品や名所にまつわるメッセージを込めて、それぞれのキャラクターが誠心誠意生み出されたものでしょう。しかし、第三者の立場で冷静な目でみると、お世辞にも「かわいい」「子ども受けする」というイメージよりも、「不気味な」インパクトを受けるキャラクターも存在するようです。

　これは日本国内に限らず、外国でも同じようです。ロンドンオリンピックの公式マスコットキャラクターの場合も、同じような問題で物議をかもしました。このキャラクターは「ウェンロック」と「マンデビル」といい、近代オリンピックの発祥の地とパラリンピック発祥の場所（病院）の名前から名づけられています。風貌は、ご当地的要素をふんだんに取り入れた"1つ目"が印象的な個性的なキャラクターです。発表当時は史上最悪のキャラクターと酷評されましたが、ふたを開けてみると、観光客に評判の人気者になりました。

　この話から入手できる"情報"は2つあります。1つ目は、ロンドンオリンピックの公式マスコットキャラクターの名前「ウェンロック」と「マンデビル」は、オリンピックとパラリンピックの発祥に由来していることです。2つ目は、そのキャラクターをマスコミは「最低」と酷評しましたが、観光客には人気者となったことです。

　皆さんは、この2つの情報の区別ができていますか。名前の由来については疑いようのない事実なので「客観的情報」といえます。しかし、このキャラクターが最悪という情報に関しては、マスコミと観光客の評価が分かれました。これは「主観的情報」といえます。

　つまり「主観的情報」は、立場や時、場所、価値観が変わると変化する可能性が大きい情報なのです。この主観的情報は、介護記録においても安易に用いることはできません。

　私たちの身の回りで起こっている現象からも、使用の是非が簡単に想像できるものです。

7 ケアの本質を無視した他者日記的な記録

事例の概要

　利用者の村上さん（男性）は非常に食欲旺盛で、施設の食事も毎回完食していました。
　90歳と高齢で、血圧が少し高めで下肢筋力の低下はみられますが、食事は栄養士が管理したうえでの適切な量を食べている状況でした。医師からは「元気なのは毎日きちんと食事をとっているから」とお墨つきをもらうほどでした。
　顔色もよく、利用者のなかでも一番元気なムードメーカーで、職員も、その人柄や発言に助けられたり、勇気や元気を分けてもらったりしていました。

食事

　その村上さんの唯一の悩みは、孫やひ孫になかなか会えないことでした。家族は遠方に住んでいて、1年に数回しか面会に来ることができません。しかし電話連絡は頻繁にあり、家族が村上さんを気にかけていることは施設側も承知していました。

　ある日、突然時間ができたということで、ひ孫さんも含めた家族が村上さんの好物を土産に面会に来ました。村上さんはびっくりしていましたが、大変うれしそうでした。

　半日、家族と外出し、家族を見送った後も、ほかの利用者にお土産をおすそ分けするなど、いつもと変わらない様子でしたが、その日の夕食時、いつも食事は完食するのに、半分残してしまいました。

残された記録

　本日午後、村上さんに家族の訪問あり。「時間ができた」ということで、来意なく、突然の来訪で、村上さんは大変驚いていた。日頃、会話に出てくる孫やひ孫も一緒であった。居室でしばらく過ごし、その後、家族とともに外出した。

　夕食前に帰園。村上さんを送り届けた後、家族は帰宅。家族の帰宅後も、村上さんは今日の出来事を職員やほかの利用者に話し、皆にお土産のおすそ分けをしていた。夕食は半量摂取の状態だった。

事象のとらえ方

　ここで示されている「記録」は、厳しい言い方をすれば、まったく「介護記録」の形をなしていません。介護記録をプロの仕事の証と考えると、なおさらです。

　内容として、利用者が半日かけて行った"行為・行動"が、単に時間の経過に沿って書き連ねてあるだけで、そこにはプロとしてのかかわりや、利用者や家族の"行為・行動"を通じて感じた気づきの記載がみあたらないためです。

　特に、食事など利用者の生活行為に関しては、単に「食べたかどうか」「食事量」など"データ"だけが問題ではなく、日頃と比べて「どのように変化（異変）があり、その（考えられる）原因は何なのか」を記録として残しておかなければ、次のケアにつながりません。

　特に、介護サービスで実施する「食事の提供」は、単に栄養補給だけを目的に行っているわけではなく、基本的な生活行為である「食事」を通して、利用者本人の「身体」「精神」「環境変化」等の状況の変化を察知するために行われている一面もあります。

　高齢者をはじめ、何らかの支援を必要とする利用者は、この状況の変化に自ら気づかなかったり、気づいていても、周囲に訴えることに困難性を感じている場合が多いと思います。そういう状況にあるにもかかわらず、プロである介護職が、記録に綿々と行為・行動を書き連ねていては、利用者は本来の生活など望めません。

　このようなものは単に「日記」でしかありません。「日記」とは本来、本人が自分のことを書き連ねるものですが、これは介護者という、他者によって書き連ねられた「他者日記」です。

　他者日記的記録を残している現状があると、施設においては、利用者1人の記録を書けば記録業務は終了ではないはずなので、その日のうちに、利用者全員の記録を完成させるのは無理なことです。さらに、このような記録を残し、第三者の開示請求に対応してしまうと、開示請求者の目には、介護者の日常のサービスのあり方が漫然とした行為に映るばかりではなく、サービスそのものの実態がみえず、不信感や疑念を抱くことでしょう。

　契約時に約束している計画書の達成も記録から確認できないため、契約違反（民法上の債務不履行）を問うてくる可能性も存在します。行政監査の場合等、このような記録は「ケアの実態がみえない」ことを理由に取り上げてもらえないこともあり得ます。

　記録は、第三者に開示することだけを意識して行うものではありませんが、漫然と利用

Ⅲ 記録を通した事象の考え方

者の行為・行動を書き連ねただけの記録は、プロの仕事の証とはなり得ず、ケアの継続性に困難をきたすばかりか、第三者に対する証明効果も失ってしまいます。この対処法や解決策については、29頁に説明しておきました。

適切な記録と伝え方

事例の村上さんについてわかっている事実は、次の4点です。
①家族とは疎遠ではないが、遠方に住んでいてなかなか会うことができない。
②孫やひ孫に対して、村上さんは愛着を感じている。
③施設のムードメーカー的な存在で、時にはその人柄に職員も助けられている。
④健康状態は良好で、毎日の食事もほぼ完食しているが、当日は半分残した。

これらをもとに、前述の記録に気づきを加えて修正してみましょう。

本日午後（13時頃）(1)、家族の訪問あり。「時間ができた」ということで、来意なく突然の来訪で、村上さんは大変驚いていた。日頃の会話に出てくる孫やひ孫も一緒で、村上さん本人も大変うれしそうであった。(2) 30分ほど(1)居室で過ごし、その後、家族とともに外出した。

夕食前（16時半頃）(1)に帰園。村上さんを送り届けた後、家族は17時頃(1)退園。家族の帰宅後も、村上さんは今日のことを職員やほかの利用者にうれしそうに話し、皆にお土産のおすそ分けをしていたが、多少疲れが感じられた。(3)

夕食は半量摂取の状態だった。本人に理由を尋ねると、久しぶりに家族に会えてうれしかった半面、疲れたこと。外出時、甘いものをひ孫と一緒に食べ過ぎたので残してしまったという回答があった。看護師に確認後、本日はこのまま様子観察をすることにし、本人にも伝えたが「もう大丈夫」といつもの笑顔で返事があった。(4)

（1）　必ずしもこのような記載でなくてもよいので、利用者に大きな影響があることが予測される出来事があった場合は、時間の経過のわかる記録を残しておけば、後でモニタリングに活用できます。今回の事例は4時間あまりの出来事ですが、利用者への精神的な影響は大きく、加齢による身体的な負担のあったことが、情報としてとらえることができるはずです。

（2）　待ちわびた家族との再会なので、村上さんの様子にも何らかの変化があるはずです。その変化を見逃さずに記録し、その場にいなかった職員とも情報の共有を図り、今後のケアに活かしましょう。

　　　日頃からかかわりがある利用者なので「**日頃から笑顔の絶えない利用者だが、孫やひ孫を前にした笑顔は格別であり、村上さんとの愛情の深さが感じられた**」などの気づきを記載できればさらに役に立つでしょう。

（3）　ここでも、昼間の出来事について「話した」、お土産を「配った」という直接的な行動だけでなく、どのような様子で「話した」のか、「配った」後はどのような状況だったのかを記録することが肝要です。この点に留意すれば、楽しみが終わった後の寂しさに村上さんがさいなまれた場合、かかわる職員の行動指針となり、活用することができます。日頃ムードメーカー的な立場であるために、周りに心配をかけまいと無理をする可能性を考えておく必要もあります。

（4）　食事に関しては、単に摂取量が重要ではなく、いつもと比べて変化があったのか、あったとすれば、その原因を追究することが大切です。日頃完食する利用者が残した背景には、何か理由があるはずです。

　　　当日は思いがけない家族の面会があったので、疲れがあることは予測できますが、ほかの原因が潜んでいるかもしれません。単なる疲れであれば、休息をとるなどの対処で解決できますが、疾患などほかの原因が考えられる場合は、医療職と連携をとる必要があります。

まとめ

　今回事例で挙げたような他者日記的な記録は、利用者の身体介護の必要性が低い、生活支援が主な目的となる施設で、措置の時代に時折みられました。

　しかしそれは、措置というシステムにおいて、基本的に生活支援を目的とし、原則的に

身体介護を必要としないケアのなかで行われていたことです。記録についても、その必要性が一部で話題になっていたものの、一般的には漫然と対応していた頃の話です。

　現在は介護保険制度が導入され、利用者との個別契約による支援が行われている状況です。サービスの締結時には、サービス提供者側がサービスの必要性や妥当性、方向性を施設サービス計画書で示し、説明・同意を得ることが義務づけられています。

　かつてのケアハウスに近い住宅型有料老人ホーム、新設のサービス付き高齢者向け住宅は、介護保険対象の施設には該当しません。しかし、身体介護を必要とする高齢者が利用者の大半を占め、個別契約で利用が決められている状況を鑑みると、適切な記録の方法を検討し、ルールを取り決める時期ではないでしょうか。

8 不誠実性が暴露された、弁解不可能な記録

事例の概要

　介護老人保健施設（以下、「老健」）の利用者山本さんは、自宅の玄関先で転倒し、骨折したことを契機に下肢筋力の低下が進み、立位と歩行が不安定な状態でした。
　医師やリハビリ担当者は「自立歩行は不可能ではない。骨折は完治しているので、リハビリさえすれば以前のように歩ける可能性が高い」と言います。しかし本人は「歩けない、痛い」の一点張りで、車いすを放そうとせず、さらに自分で車いすを操作することを拒む傾向にありました。

III 記録を通した事象の考え方

排泄

　そこで、リハビリを集中的に行うことを目的に老健の利用となりましたが、本人の依存心は強く、ほんの少しの移動でも職員を呼び止め、介助を受けようとします。

　受け入れた施設では、要求にすべて応じるのは本人の自立を妨げ、QOLの低下を招くことになると考え、あえて見守りで対応することになりました。

　ある日、いつものとおり、山本さんが職員を呼び止める行為が始まりました。職員らは「ちょっと待ってください」と応答するものの、誰も対応しません。当日は入浴日で、職員は多忙な時間を過ごしていました。

　それでも、何人かの職員は山本さんを注意していて、そのうちの1人が、山本さんが腰を浮かせ、フットサポート[※4]に足を乗せた状態で立ち上がろうとしているのに気づきました。

　あわてて山本さんのもとに駆け寄り、事なきを得ましたが、山本さんは「トイレに行きたいの！　あなたたちが無視するから自分で行くしかないじゃない！　人様の前で失敗するのは死んでも嫌よ」と激しい剣幕で抗議しました。その職員は謝罪し、急いでトイレに介助しました。

　山本さんのいた場所からトイレまでは、山本さんの今の状態では車いすでも自力移動が不可能な距離でした。

残された記録

> 　非常に依存心の強い、車いす利用の山本さんが、本日、入浴時間中に誰彼となく、職員に声をかけ始めた。いつものことであるため、職員の申し合わせのうえ、見守りで対応することになっており、呼びかけに応じ、待ってもらえるように説明した。
> 　しかし、山本さんはトイレに行きたかったようで、突然フットサポートの上に立ち上がろうとし、すんでのところで転倒を免れた。その際、呼びかけに応じなかったことに対し、抗議を受けたため、職員は謝罪を行った。

事象のとらえ方

　この記録からは、山本さんの意欲を引き出して自立を促そうという意識を感じることはできますが、大きな問題が2つあります。

　1つは、本人の意向があるにせよ、長時間車いすに座り続けたことがうかがえるにもかかわらず、そのことにおける施設の考えや職員のとらえ方が、記録から知ることもできません。さらに、身体拘束に該当する可能性があるという危機感を感じとることもできません。

　「身体拘束ゼロへの手引き」を確認すると、介護保険施設等で使用されている車いすは「2枚のシートで構成された簡単な折りたたみ式のもので、短距離の『移動』には便利だが、『座る』ための用具としては十分な機能を持つものではない」とされ、そのため「30分以上同じ姿勢で座り続けることは困難であり、人によっては苦痛を伴う場合もある」と指摘しています。その結果として「立てる人は立ち上がってその車いすから離れようとする」と明言しています。

　記録からは車いすの形状まではわかりませんが、最終的な利用者の行動から考えれば、「手引き」が指摘する状況だったと考えられます。

　もう1つは、先入観をもってサービスを提供していることが記録から推察され、先入観があるがゆえに適切なケアが実施できていない様子が記録に表れているのに気づいていない点です。

　そのうえ、対応としてスピーチロックを行っている可能性があります。利用者の呼びかけに対して「ちょっと待ってください」と応答するという行為です。

　「ちょっと待ってください」という言い回しを介護職が使う場合、その真意には「その状態（状況）で、私が暇になるまで待っていなさい」という高圧的な命令的な意味を含んでいる可能性があります。呼びかけられたら応答し、そばに行って用件を確認したうえで、緊急を要する場合でなければ、「○○を終えた後すぐに戻ってきますので、しばらく待ってください」と伝えます。

　対応した職員自身が抱えている事態も緊急の場合、組織力を活かし、手が空いているほかの職員と連携をとり、「今、私はこういう状況で手が離せません。その代わり□□が来ますので、少し待っていただけますか」などという説明を行う必要があります。

　さらに、利用者は、立ち上がるというリスクを冒すことで、排泄したいという要求を職

員に伝えることができました。「我慢できなければ大声で訴えればいいのに」という感覚を職員がもっていたのではないでしょうか。

　排泄という非常にデリケートかつプライバシーが強い行為では、公衆の面前で女性が大声で訴えることが可能かどうか、自分の身に置き換えて考えれば理解できるはずです。この点に関する配慮の欠如も感じとられ、ここにもリスクが存在しているようです。

適切な記録と伝え方

　起こった事実は事実として記載し、適切な状況でなければ、残された記録を手がかりに、ケアの修正と改善を行う必要があります。

　もちろん記録者の個人的な作業として行うのではなく、組織での対応が必要とされます。残された記録をもとに考えてみましょう。

　非常に依存心の強い、(1) 車いす利用の山本さんが、本日、入浴時間中に誰彼となく、職員に声をかけ始めた。いつものことであるため、職員の申し合わせのうえ、見守り(2) で対応することになっており、呼びかけに応じ、待ってもらえるように説明した。(3)

　しかし、山本さんはトイレに行きたかったようで、突然フットサポートの上に立ち上がろうとしたが、(4) すんでのところで転倒を免れた。その際、呼びかけに応じなかったことに対し、抗議を受けたため、職員は謝罪を行った。(5)

（1）「依存心の強い」という表現は先入観に基づいていないでしょうか。確かにこの傾向が強い利用者ですが、職員が常にこの感覚で利用者に対応していると、今回のようなリスクを惹起してしまいます。場合によっては主観的な情報となるおそれがあり、記録上、開示をした場合の説明責任（アカウンタビリティ）の観点から、問題となる可能性があります（38頁参照）。

（2）　ここでいう見守りとは、ほかの業務をしながらのながら行為や、利用者にリスクが発生した場合にいつでも対応できる体制など、遠監視の状態ではなかったかを確認し、

申し合わせの内容を職員間で検討する必要があります（42頁参照）。
（3）「ちょっと待ってください」というフレーズを、スピーチロックとして使っていなかったでしょうか。これは身体拘束に該当するため、改善が必要です。
（4）車いすは座るための用具ではありません。本人が望んだとしても、移動以外ではいすを使用するように働きかけるべきです。そうすることで、山本さんにとって好ましい目的を達成する糸口になるかもしれません。どうしてもいすへの移乗を拒絶するのであれば、止まっているときはフットサポートを上げて、下肢が床についた状態を保ちましょう。
（5）謝罪に対して山本さんは納得し、同意を得られたのでしょうか。また、その顛末（てんまつ）が苦情対応記録として残されているのでしょうか。記録を見直すためにも、苦情対応記録は残しておかなければなりません（34頁参照）。

これら5つの視点をもってカンファレンスを実施し、記録のフォローを行っておくことが大切です。

まとめ

　事例で取り上げた排泄という行為は、非常にデリケートな行為です。サービス提供の過程から考えても、阻害されると利用者のQOLが低下します。
　だからこそ、介護職は細心の注意をもってかかわる必要がありますが、どこまで踏み込めばよいのか悩むことがあります。記録を残す際にも影響が出ることが考えられますが、どう考えればよいのでしょうか。考える指針として、次の判例があります。
　杖歩行の利用者が、通常使用しているトイレよりも広い車いす用トイレを利用する際に、職員の介護を拒絶する意思を示したため、介助を行わなかった結果、トイレ内で転倒して右大腿骨頸部を内側骨折しました。
　裁判所は「（利用者が）拒絶したからと言って直ちに利用者を一人で歩かせるのではなく、利用者を説得して、利用者が便器まで歩くのを介護する義務があった」とし、さらに「介護拒絶の意思が示された場合であっても、介護の専門知識を有すべき従事者（介護者）においては、要介護者である利用者に対し、介護を受けない場合の危険性とその危険を回避するための介護の必要性とを専門的見地から意を尽くして説明し、介護を受けるように説得すべきであり、それでも尚、利用者が真摯な介護拒絶の態度を示したというような場合

Ⅲ 記録を通した事象の考え方

でなければ、介護義務を免れる事にはならない」としています（2005年（平成17年）3月22日　横浜地裁判決）。

　つまりこれは、このようなケースの防止・予防策や対処法として、専門職に説明責任（アカウンタビリティ）が求められているということです。この裁判所の見解が、どこまで踏み込むのかという判断の参考になるのではないでしょうか。

※4　従来はフットレストと呼ばれていましたが、現在はJIS規格において"フットサポート"という表現で統一されています。

9 目的や評価がみえない記録

事例の概要

　利用者の渡辺さん（女性）は昔から歌が好きで、趣味はカラオケでした。事業所の提供するレクリエーションのなかでも、最も好むのはカラオケです。演歌を好んで歌い、十八番の女性歌手の歌は、誰が聞いてもうまいと思えるほどです。本人の「若い頃歌手にスカウトされた」という口癖も嘘ではないという評判でした。

　渡辺さんには仲のよい利用者石川さん（女性）がいて、カラオケには2人で参加し、和気あいあいと楽しむ姿がみられました。

III 記録を通した事象の考え方

レクリエーション

　ある日、いつもどおりカラオケクラブが開催され、利用者がホールに集まりはじめ、職員も対応に追われていました。そのとき、ある職員が、2人の姿がみえないことに気づき、「居室を確認しに行こうか」と思っていると、2人が姿をみせてホッとしました。

　しかし、いつもと違う雰囲気に気づき、2人の様子をうかがうと、それぞれ別の利用者とホールに来て、別々に座りました。特に変わった様子もなく、トラブルがあったとも聞いていなかったため、気にもとめずに、カラオケの対応に専念することにしました。

　いつものように「カラオケ」の順番を尋ねると、渡辺さんが一番に手を挙げてマイクを握りました。職員が「いつものやつですね」と言うと、渡辺さんは首を横に振り、ある童謡のタイトルを口にしました。

　職員は意外に思いましたが、とりあえずその童謡を準備しました。いつものように歌手並みの歌いぶりで、歌い終わった後は拍手喝采でした。

　その後、クラブは進行され、何事もなく終了しました。

残された記録

　いつものように「カラオケクラブ」参加。渡辺さんは、参加時、少し集合に遅れたが、何事もなく、いつものとおり一番にマイクを握る。本日は十八番ではなく、童謡を歌う。歌手並みにうまく、拍手喝采であった。
　その後、ほかの利用者が順番にマイクを握り、無事終了した。渡辺さんは、いつも一緒の石川さんとは席が離れていたが、特段の問題はなさそうだった。

事象のとらえ方

　事例では、レクリエーションを単なる余暇活動や楽しみ、娯楽としかとらえていない記録が問題です。レクリエーションの実施目的や実施後の評価がみえず、実施することだけに固執しています。ケアの過程において、本来レクリエーションに求められる機能が果たされていないことが気になります。

　介護の過程で提供されるサービスは、単なる行為だけではなく、それぞれ目的としているものがあります。食事は栄養補給、入浴は保清だけが目的ではありません（112頁参照）。

　レクリエーションも余暇や楽しみだけが目的ではありません。仲間づくりや機能の回復・維持、心身の健康維持・増進、施設ケアでは集団生活の維持における協調性や互助性の促進、社会参加や地域・社会との関係の維持等が考えられます。

　これだけの多様な目的をもっているために、実施することだけが目的ではなく、実施し、どこまで本来の目的を達成できたかを評価する必要があります。事例の記録にはそうした記述がみられません。

　利用者の参加の様子も、通常と比べて変化があるのに、プログラムを無事に終了させることだけに注意が向いています。これでは、レクリエーションに取り組む意味が半減してしまいます。

適切な記録と伝え方

　記録者がレクリエーションの本来の目的を理解していないため、修正の仕様がありません。レクリエーションの目的を正しく理解し、その視点に基づいて記録に残すのであれば、どのような記録になるでしょうか。この観点から記録を書き直してみます。

　　　いつものように「カラオケクラブ」参加。参加時、渡辺さんは、少し集合に遅れ、さらに、いつも一緒の石川さんとは別行動であった。お互い別の利用者との参加であったが、トラブル等の情報は確認していない。しかし何らかの問題が発生している可能性もあるため、情報の収集を行う必要性を感じた。(1)

Ⅲ 記録を通した事象の考え方

> クラブ開始後、渡辺さんは、いつものとおり一番にマイクを握る。しかし十八番ではなく、童謡を歌う。これも歌手並みにうまく、満場拍手喝采の状態であったが、<u>参加状況や歌の内容など、日頃の様子とは明らかに異なり、心理的な要因が関係していると考えられた。</u>(2)
> 　その後、ほかの利用者が順番にマイクを握り、無事終了した。渡辺さんは、石川さんとは席が離れていたが、クラブ開催中、特に問題はなさそうだった。<u>しかし状況の変化はみられたため、相談員と協議し、明日17時からカンファレンスを開催することにした。</u>(3)

（1）　いつもと違う状況に気づき、明確にされている情報や事実、現状で考えられる要因を残しておくと、評価や検討するときに役立ちます。
（2）　（1）で気づいた同伴者のことだけではなく、歌うジャンルにも変化がみられました。事業所（施設）が気づいていない利用者間のトラブルがあり、利用者の心理面に強く影響しているのかもしれません。この段階で感知できれば、トラブルの拡大を抑制することができるでしょう。
（3）　（1）と（2）のような状況を確認した後は、早急に対応策を考える必要があります。レクリエーションを実施することにより表面化した情報を、職員間で共有します。さらに新たな情報を集め、打開策として改めてカラオケが有効と考えられるのならば、その有効と思われる実施方法や取り組み方を、組織の総意として協議・検討することが望まれます。

まとめ

　レクリエーションの実践では、今回の記録のほかに計画や実行、評価の記録が必要です。
　計画では、目的（効果）や参加者（利用者および支援者（介護者等））、内容、時間、必要経費と備品、開催場所等、レクリエーションが適切に行われるための周到な準備体制を記録に残す必要があります。レクリエーションが単なる余暇や娯楽ではなく、ケアの一環ということを考えれば当然です。

なかでも注意が必要なのは目的です。目的を職員が理解していないと、楽しみを追求するだけの余暇活動に終わり、本来の目的が達成できません。

　さらに、目的は参加する利用者にも理解してもらうと効果的です。これも職員同様、漫然と参加するだけでは余暇活動で終わってしまう可能性があります。何のためのレクリエーションかが明確にされていないと必然性が伝わらず、参加を拒絶されたり、参加しても徒労に終わることがあります。介護サービスにおけるレクリエーションは、楽しさのうえに効果が期待できるからこそ有用です。

　計画書が整備できたら、次は実行（実践）記録です。実行（実践）記録は、計画に基づいて実践できたか、変更はなかったかなどを記録すればよいので、難しくないでしょう。

　最後は評価です。計画の整備には実施後の評価が存在します。評価が機能しなければ、介護サービスとして行ったレクリエーションの効果および結果が残らず、次のサービスにつなげることができません。介護保険制度においても、介護予防通所介護費の加算要件で求められています[※5]。

　計画に基づく実践を行い、流れに沿った評価を記録として残し、組織内で情報として共有する。ここまで行って初めて、介護サービスにおけるレクリエーションの取り組みが完結したといえます。

※5　生活機能向上グループ活動加算。

Ⅲ 記録を通した事象の考え方

多彩なレクリエーションの生み出し方

　施設等でレクリエーションを企画すると、どうしても集団的なものになりがちです。逆に、少人数で、利用者個々の興味や関心に合わせた計画や実践を行うと、メニューはバラエティに富み、対応する人材に苦慮しなければなりません。職員だけでは限界があるので、外部の人材に期待することになりますが、有料の講師は財政的な問題が発生し、ボランティアは平日の定期的な確保等が難しいものです。交通の便に恵まれている都市部にはない施設では、アクセスの問題もあり、その困難がさらに大きくなる傾向があります。

　しかし、利用者のニーズは今後多様化することが予想され、入居・通所系の事業所では、日常生活における「生きがい」「楽しみ」、機能の「回復」「維持」について、個々の希望に沿ったサービスの展開が求められることになります。

　2012年度（平成24年度）の介護報酬改定において、介護予防通所介護費の新たな加算項目として「生活機能向上グループ活動加算」が加えられました。これは従前の「アクティビティ実施加算」を見直し、少人数を対象とした、共通の課題を有する複数の利用者からなるグループ編成による支援活動を評価したもので、まさに少人数でのレクリエーションの実施等が該当すると思われます。

　そこで、計画の策定を行うと、最初に行きづまるのが「人材」だと思われます。皆さんの頭の中にあるレクリエーションのイメージは、「書道」「カラオケ」などの「習い事」ではないでしょうか。そうなると「人材」は限られてきます。そうではなく、利用者が興味や関心をもてそうなことで、生活機能向上に対して効果が見込まれれば、何でもよいのです。例えば、その日の新聞をもち込んで「現代の政治を語る」会や「今年の高校野球の優勝を予想する」会、楽器を演奏できる人がいれば楽器をもち込んで「少人数リサイタル」を催すなどです。

　そう考えると「人材」は豊富にいませんか。職員一人ひとりの特技や趣味等の情報は活用されているでしょうか。さらに、実施するのは介護職員だけでなくてもよいはずです。事務職員や管理者、理事長や理事、利用者の家族など、誰でも人前で披露できる知識や技術を1つ、2つもっているものです。

　人材を"発掘"したら、あとは職員の力量です。発掘した才能を利用者のニーズに合致させ、介護サービスの一部に取り入れていきましょう。身近に有効な展開案が隠れているかもしれません。

⓾ 実行に固執し、単にデータ化した記録

事例の概要

　利用者の荒井さん（女性）は今まで、一人暮らしでがんばってきました。しかし認知症のため、在宅生活に限界が生じて今回、施設に生活の場を移しました。受け入れ施設はアセスメントを十分に行い、施設サービス計画書を策定した結果、長期目標として「早く施設の生活に慣れて自分らしい生きがいを見つけるように支援する」ことを掲げました。

　荒井さんは配偶者と子どもを早く亡くし、長年1人で生活してきました。家は持ち家であったため、集団生活の経験がなく、戸惑いや孤立が考えられたのです。

Ⅲ 記録を通した事象の考え方

役割づくり

　以前は自宅の庭もきれいに整備され、よく手入れされた草花が咲き誇り、近所でも評判だったという情報を得ていました。しかし、契約の際に訪問したときには、手を入れた跡はありましたが、多くは朽ち果てていました。

　そこで施設は、もう一度土に触れて植物に関心を寄せることで新しい生活の生きがいをみつけてもらおうと、プランターを準備し、職員と一緒にミニトマトの栽培を行ってもらうことにしました。

　しかし施設側の思いはなかなか伝わらず、職員が誘っても荒井さんは関心を示したり示さなかったり、日によってその様子はまちまちでした。

残された記録

○月○日
　プランターのある場所に荒井さんを誘おうとするが、本人は関心を示さない。今日も職員だけで手入れを行う。せめて水遣りだけはかかわるように支援する必要がある。

○月×日
　今日は「トマトにお水」と言って、自分からプランターへ向かう。しかし、水を中途半端にまき、途中で投げ出してしまう。トマトがまだ実っていないので、「トマト」と口にするが実感をもてないでいるらしい。実れば関心を示すかもしれない。

○月△日
　今日は職員が声かけする前に、荒井さん1人でプランターの前に座り込んでいた。関心を示しはじめたのだろうかと近づくと、プランターを手で掘り返していた。職員が制止すると、何事もなかったかのようにその場を離れた。

○月□日
　「水遣りしましょうか」と声をかけると、荒井さんは「私は忙しいから、あなたがしておいて」と答える。それでも何度か声かけすると、怒ったような表情で「私は子どものお迎えがあるからできない」と答えた。

事象のとらえ方

　この事例は、役割づくりの目的が置き去りにされ、取り組みという結果だけが重視されたケースです。

　122頁のレクリエーションの事例と異なるのは、施設全体としては目的が明確で、ミニトマトの栽培は目的を達成する手段でしかなかったことです。荒井さんの施設サービス計画書には、目指すところがはっきりと示されているはずです。

　ところが担当の職員は、計画書に示されている目的を次第に見失い、手段でしかなかったはずのトマト栽培が目的（＝ゴール）になり、肝心のプロセスを誤ったことが、記録からわかります。

　認知症のある人の役割づくりに視点をおいてサービスを提供する場合、取り組み状況や、関心における波があると、真面目で熱心な職員ほどあせりを感じて、最も大切な「パーソン・センタード・ケア」（認知症の人本人を中心としたケア）という観点からかけ離れてしまいます。

　そのためにも、記録を定期的に見直し、自分が行っているケアを振り返り、違和感や焦燥感を覚えたら、本来の目的が示されている計画書に立ち返って原点をみつめ直す必要があります。

適切な記録と伝え方

　この事例の記録では、どの時点で振り返りの修正を試みればよかったのでしょうか。時系列で記載されている記録を確認してみます。

> ○月○日
> プランターのある場所に荒井さんを誘おうとするが、本人は関心を示さない。今日も職員だけで手入れを行う。せめて水遣りだけはかかわるように支援する必要がある。

→すでに荒井さんの関心に波が感じられますが、軌道修正を行うには早いと思われます。アセスメントでは、以前興味があったことが明白にされているため、根気強くかかわり

Ⅲ 記録を通した事象の考え方

を続ける必要があります。安易に手段を変えることは、本人を混乱させる結果にしかなりません。

> ○月×日
> 今日は「トマトにお水」といって、自分からプランターへ向かう。しかし、水を中途半端にまき、途中で投げ出してしまう。トマトがまだ実っていないので、「トマト」と口にするが実感をもてないでいるらしい。実れば関心を示すかもしれない。

→以前の経験からか、トマト栽培に関心はあるようです。しかし、以前のようなかかわり方は困難な状況が考えられます。記録からも、水を中途半端にまいて途中で投げ出す状況が確認されます。

この状況で取り組みを強要しても、負担になりストレス化し、利用者にとって好ましくない環境になるおそれがあります。

> ○月△日
> 今日は職員が声かけする前に、荒井さん1人でプランターの前に座り込んでいた。関心を示しはじめたのだろうかと近づくと、プランターを手で掘り返していた。職員が制止すると、何事もなかったかのようにその場を離れた。

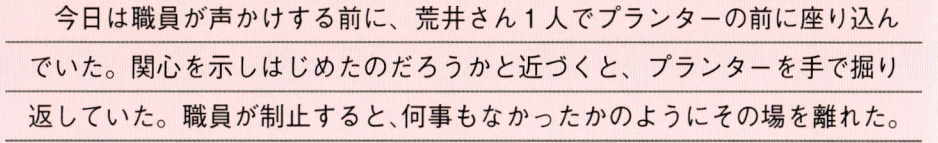

→この日の記録で、すでにトマト栽培が好ましい手段かどうか疑問です。この段階で、何のためのトマト栽培かを振り返る必要があるでしょう。

職員についても、忘れかけた本来の目的を計画書で確認する時期です。計画書を確認すると、長期目標に「早く施設の生活に慣れ、自分らしい生きがいを見つけるように支援する」と示してあります。これが本来の目的であり、現状、荒井さんに求められるゴールです。この視点から別の手段を考える必要がありそうです。

> ○月□日
> 「水遣りしましょうか」と声をかけると、荒井さんは「私は忙しいから、あなたがしておいて」と答える。それでも何度か声かけすると、怒ったような表情で「私は子どものお迎えがあるからできない」と答えた。

→すでに亡くなった子どもが会話に出てきたり、感情の不安定（易怒性）がみられたりします。

　当初のアセスメントで把握した状況から、認知症の進行した可能性や、環境の変化になじめないことへの不安が原因になっている可能性が疑われます。当初の計画の見直し時期には到達していなくても、担当者として、介護支援専門員（ケアマネジャー）に見直しを提案する必要が生じているのかもしれません。

　この日の記録における情報を共有し、協議・検討する提案を行ってみるのも大切です。

まとめ

　高齢者の支援を行ううえで、生きがいや役割づくりに視点をすえて実践することは、意欲というワーカビリティ[※6]を引き出すためにも重要です。

　しかし、その部分に真面目さや熱心さ、情熱だけでかかわり続けていると、何のためのかかわりなのかという方向性を見失ってしまいます。暗中模索で実践に固執し、誤った方向を定めてしまうことがあります。

　その状態で引き起こされる状況が、事例の状況のような実行に固執したかかわりです。記録にも如実に表れ、介護記録が単なる実行データになっている状況が確認できることが多々あります。

　大きな原因として考えられるのは、介護者の"あせり"や"（目的の）無理解"ですが、そのほかにも考えられるのが、利用者自身の機能喪失です[※7]。機能喪失とは認知症や身体機能の喪失だけを指すのではなく、加齢に伴う身体的変化によって引き起こされるものもあるといわれています。「ゴミ屋敷」と呼ばれるケースがその一例で、「ゴミの分別法が理解できなくて、集積場に出すことをためらった結果」「古新聞等の重量物を、住居と離れた集積場にもち運ぶことが困難」だったことがきっかけといわれます。

　このような場合、家族や周囲がその行為を非難すると、状況の異様さは理解しつつも反

Ⅲ 記録を通した事象の考え方

発心が起こり、その状況に執着を示し、身近な人々との人間関係にも影響を及ぼしてしまいます。

　これらを十分理解して生きがいや役割づくりを考えると、アセスメントをする過程では手段でしかないさまざまな行為が、普遍的ではないことがわかります。さらに、利用者の状況を常に見極めて、妥当かどうかを探ることが大切です。

　軌道修正の時期を見極めるためのツール（道具）としても、適切な記録を残して活用していきましょう。

※6　利用者が自らの問題解決に向かって活用する力。
※7　近年「セルフネグレクト」（自己放任）と呼ばれ、高齢者虐待の新たな分類として対応する動きがある。

本書は、介護・福祉の応援サイト『けあサポ』連載「暮らしの場における介護記録」をもとに加筆・再構成しました。

著者紹介

田形 隆尚（たがた たかひさ）

1962年生まれ。田形社会福祉士事務所所長（社会福祉士・介護支援専門員）。現在、熊本学園大学・九州保健福祉大学・熊本YMCA学院等の非常勤講師も兼任。著書に『"ケアが変わる"介護記録の書き方』（中央法規出版、2007年）がある。

基礎から学ぶ介護シリーズ
わかる・伝わる・つながる
根拠のある介護記録のつくり方

2012年10月15日　初　版　発　行
2017年 8月25日　初版第3刷発行

著　者　田形隆尚
発行者　荘村明彦
発行所　中央法規出版株式会社
　　　　〒110-0016　東京都台東区台東3-29-1　中央法規ビル
　　　　＜営　　業＞TEL03-3834-5817　FAX03-3837-8037
　　　　＜書店窓口＞TEL03-3834-5815　FAX03-3837-8035
　　　　＜編　　集＞TEL03-3834-5812　FAX03-3837-8032
　　　　https://www.chuohoki.co.jp/
　　　　E-mail　reader@chuohoki.co.jp

本文フォーマット　田中章子
イラスト　　　　　ミウラナオコ（表紙カバー）／ちよ（本文）
装丁　　　　　　　松田行正＋山田知子（株式会社マツダオフィス）
印刷・製本　　　　サンメッセ株式会社

ISBN978-4-8058-3622-4

本書のコピー、スキャン、デジタル化等の無断複製は、著作権法上での例外を除き禁じられています。また、本書を代行業者等の第三者に依頼してコピー、スキャン、デジタル化することは、たとえ個人や家庭内での利用であっても著作権法違反です。

落丁本、乱丁本はお取り替えいたします。定価はカバーに表示してあります。

基礎から学ぶ介護シリーズ

今日から実践
認知症の人とのコミュニケーション
感情と行動を理解するためのアプローチ

飯干紀代子＝著

定価：本体1,800円（税別）
ISBN978-4-8058-3305-6

　介護現場において、コミュニケーションはケアの基本である。本書では、認知症の利用者に主眼を置き、コミュニケーション障害を克服し、いかにその人を知り、ケアに活かせばよいのかを提案する。

わかりやすい 認知症の医学知識

長谷川和夫＝著

定価：本体1,600円（税別）
ISBN978-4-8058-3302-5

　認知症について、疾患としての正しい医療的理解がなければその場しのぎの対症療法になってしまう。本書は、認知症ケアのパイオニアによる、認知症の医学知識を学ぶ1冊。

介護者が知っておきたい
薬のはたらきとつかいかた

藤澤節子＝著

定価：本体1,600円（税別）
ISBN978-4-8058-3301-8

　本書は、高齢者介護に携わる介護職が、自ら担当する利用者が服用する薬の効用・副作用を理解することで、適切なケアにつなげていくための指南書としての役割を担う。

座位が変われば 暮らしが変わる

大渕哲也＝著

定価：本体1,600円（税別）
ISBN978-4-8058-2734-5

　本書は、適切な姿勢とは何かを考え、その座位を継続させる技術を解説。車いすやベッド、リビングなど、生活場面における高齢者個々に合った座位を提案する。

リハビリ介護入門
自立に向けた介護技術と環境整備

野尻晋一・大久保智明＝著

定価：本体1,600円（税別）
ISBN978-4-8058-2733-8

　本書は、リハビリテーションの視点で様々な介護技術を解説。高齢者の「見守り」「福祉用具の活用」「部分的な介助」という3つの段階に応じた自立支援を提案する。

気づいていますか 認知症ケアの落とし穴

安西順子＝編著

定価：本体2,000円（税別）
ISBN978-4-8058-3620-0

　長年身体介護にかかわってきた援助者は、本人中心の視点を履き違えやすいもの。「落とし穴」に気づき、適切なかかわりを学ぶ1冊。場面ごとに、直接援助にとどまらず、家族や地域を含めて本人を支えるケアを提案する。

生活場面から見る 身体観察のポイント

岩下馨歌里＝著

定価：本体1,800円（税別）
ISBN978-4-8058-3304-9

　食事・排泄・入浴などの生活場面ごとに、介護職が押さえるべき観察のポイントを解説。医学的な視点や報告・相談の重要性など、観察力を向上させるポイントが満載の1冊。

改訂　介護に使える
ワンポイント医学知識

白井孝子＝著

定価：本体2,000円（税別）
ISBN978-4-8058-3303-2

　介護の基本として最低限知っておきたい医学知識をまとめた1冊。改訂に伴い、「たんの吸引」「経管栄養の管理」について加筆し、今後必要とされる技術を紹介している。

自立を促す
排泄ケア・排泄用具活用術

浜田きよ子＝編著

定価：本体2,000円（税別）
ISBN978-4-8058-3300-1

　本書は排泄のメカニズム、排泄用具の選び方・使い方、アセスメントなど自立支援の視点で排泄ケアを解説する。家庭介護者にも実用性のある排泄用具マニュアル。

ステップアップのための 排泄ケア

西村かおる＝著

定価：本体1,800円（税別）
ISBN978-4-8058-2722-2

　失禁を克服することは、「クオリティ・オブ・ライフ」向上のための第一歩となる。排泄ケアに携わる人にとって必要な知識と具体的なケアの方法をわかりやすく解説する。

事例で学ぶ
新しい認知症介護

小野寺敦志＝編著

定価：本体1,600円（税別）
ISBN978-4-8058-2731-4

　認知症の人の行動・心理症状などによる様々な介護上の課題をどのように解決したらよいのか？本書は、課題分析から問題解決の過程を学ぶための指南書。

一人ひとりが輝く
レクリエーション・プログラム

妹尾弘幸＝著

定価：本体1,600円（税別）
ISBN978-4-8058-2728-4

　個別性が重視される今日、本書では、個別レクにおけるレクリエーションの考え方から、目的に応じたプログラムの立案・提供の流れを解説する。

摂食・嚥下を滑らかに
介護の中でできる口腔ケアからの対応

冨田かをり＝著

定価：本体1,600円（税別）
ISBN978-4-8058-2726-0

　本書では、口腔ケア加算が導入された時代における施設介護職員が、その実施のために身につけておいて欲しい知識・技術を分かりやすく解説・明示する。

すぐに役立つ
事例のまとめ方と発表のポイント

佐藤眞一＝編

定価：本体1,600円（税別）
ISBN978-4-8058-2724-6

　施設・事業所内での事例検討や各種大会・学会など、介護職による事例・研究発表を、より実りあるものにするために、その意義や目的、まとめ方などのひと工夫が満載。

認知症介護の基本

長嶋紀一＝編

定価：本体1,600円（税別）
ISBN978-4-8058-2721-5

　認知症の介護はスタッフの教育方法がまだ確定してはいないが、介護現場でこれだけは理解しておいて欲しいという基本を整理した。研修教材として最適。

Q＆Aで学ぶ
高齢者の性とその対応

荒木乳根子＝著

定価：本体1,600円（税別）
ISBN978-4-8058-2732-1

　介護現場では、高齢者の性に関するさまざまな出来事が起こり、介護職が対応に苦慮するケースもある。Q＆A形式で高齢者の性を学び、人権にも配慮したかかわり方、支え方を考える。

これであなたも
車いす介助のプロに！

木之瀬隆＝編著

定価：本体1,600円（税別）
ISBN978-4-8058-2729-1

　シーティングの基本や事故防止の方策などの知識があれば、車いすは利用者の生活を豊かにする福祉機器となる。本書は車いすの介助に必要な基本的な知識を伝授する。

介護者のための腰痛予防教室

西山悦子＝著

定価：本体1,600円（税別）
ISBN978-4-8058-2727-7

　○×で腰痛を防ぐ動作を写真で対比。腰痛に対処するための基礎知識、腰痛の原因、職場および日常生活での予防対策、腰痛になったときの応急手当、腰痛体操を紹介。

利用者とうまくかかわる
コミュニケーションの基本

諏訪茂樹＝編著、大谷佳子＝著

定価：本体1,600円（税別）
ISBN978-4-8058-2725-3

　挨拶からティーチング・コーチングまで、利用者との円滑なコミュニケーションに必要な30項目のコミュニケーション・マインドとテクニック＆スキルをやさしく解説。

食事ケアことはじめ
高齢者への食事介助入門

藤本眞美子＝編

定価：本体1,600円（税別）
ISBN978-4-8058-2723-9

　食事は高齢者にとって大きな楽しみの1つ。そこで、食事ケアの基本である「食事介助」「口腔ケア」「栄養ケア・マネジメント」の基礎を1冊にまとめた。